경제민주화를 위한
한미FTA 재협상 핸드북

송기호

녹색평론사

우리는 개인의 자유를 극도로 주장하되, 그것은 저 짐승들과 같이
저마다 제 배를 채우기에 쓰는 자유가 아니요,
제 가족을, 제 이웃을, 제 국민을 잘살게 하기에 쓰이는 자유다.

— 백범 김구

목차

개정판에 붙여

　이 책의 초판을 《한미FTA 핸드북》이라는 제목으로 2007년
에 내고 5년이 지났습니다. 그 사이 많은 변화가 있었습니다.
한국 정부가 한미 자유무역협정(이하 '한미FTA')의 목적지라고
내세웠던 미국 금융시스템에 큰 위기가 생겼습니다. 그런데도
이 협정 추진에는 제동이 걸리지 않았습니다.

　지금 우리사회에는 한미FTA를 놓고 두 개의 흐름이 서로 맞
서 소용돌이치고 있습니다.

　'경제민주화'가 시대정신이 되었습니다. 서울시를 비롯하여
전국의 지방자치단체에서 무상급식을 본격적으로 시작했습니
다. 또 골목상인을 보호하기 위하여 '대형마트'는 일부 일요일
에 문을 닫게 만들었습니다. 판사들이 미국 회사가 한국의 공공
정책을 국제중재에 회부하는 제도가 사법주권을 침해할 수 있
다는 의견을 발표했습니다. 국회가 한미FTA 재협상을 결의했

습니다.

그러나 반대의 흐름도 매우 거셉니다. 한국은 한미FTA에 부합하도록 57개의 법령을 바꾸었습니다(정부가 인정한 것만 센 숫자입니다). '론스타'라는 미국 회사가 한국을 국제중재에 회부하겠다는 의향서를 이명박 대통령에게 보냈습니다. 또 '코스트코'라는 대형마트가 일요일 휴업 명령을 지키지 않고 영업을 강행했습니다. 보건복지부가 영리병원 규칙을 공포해서 영리병원 신청 절차를 만들었습니다. 농가 소득이 도시민 소득의 60퍼센트도 되지 못합니다.

이 소용돌이와 대립을 어떻게 해야 할까요? 한미FTA가 이미 발효된 현실을 고려하면서도 경제민주화라는 시대정신에도 맞게 이 협정을 바꿔야 합니다. 한미FTA가 무엇인지 그리고 그 때문에 무슨 일이 일어났는지를 국민에게 알려야 합니다. 그리고 국민의 동의를 얻어야 합니다. 국민의 합리적 여론의 형성이 중요합니다.

그래서 초판이 일본어로 번역되어 일본에서 출판된 것을 계기로 개정판을 냈습니다. 책 제목도 《한미FTA 재협상 핸드북》으로 바꾸었습니다. 그리고 더 쉽게 읽히도록 글의 순서도 바꾸고 새롭게 썼습니다. 쇠고기 광우병 검역과 같은 '위생검역조치'는 투자자 국제중재 제소권의 대상이 아니라고 설명했던 초판의 잘못을 바로잡았습니다. 157개 나라가 가입한 세계무역기구(WTO)가 투자자 국제중재 제소권을 선택하지 않기로 공식 결정한 것도 새로 설명했습니다. 2012년의 철도 공영화 보상 사건과 같은 최근의 국제중재 판례들을 새로 소개했습니다.

개정판이 한미FTA에 관한 합리적 여론 형성에 이바지하기를 바랍니다.

2012년 10월

송기호

일본어판 서문

　일본은 가까운 나라입니다. 지리적으로만 근접한 것이 아니라, 일본인과 한국인이 2차 세계대전 후 걸어온 길은 서로 붙을 만큼 가깝습니다. 일본에 '1억 총중류(總中流)'가 있다면, 한국에는 '한강의 기적'이 있었습니다. 1964년 동경올림픽에 이어 1988년 서울올림픽이 있었습니다. 성공을 자랑하는 잔치들이었습니다.

　두 나라가 아시아를 대표하는 공업국으로 변화한 공통적 배경에는 세 가지가 있습니다. 농지개혁을 실천해서 소작농을 해방시켰고, 자작농 질서를 만들었습니다. 1945년에 세계 총생산량의 50퍼센트를 담당한 미국이 주도하는 국제 경제 질서에 편입되어, 이를 적극 따랐습니다. 그리고 석유와 전기, 특히 원자력에너지를 대량 소비할 수 있었습니다.

　전후 67년이 지난 지금 한국과 일본의 처지는 어떠한가요?

매우 같습니다. 공업화를 뒷받침한 자작농의 동력은 소진되었습니다. 소자고령화(少子高齡化)와 신빈곤은 일본에 이어 한국을 강타했습니다. 33년 후, 한국인은 평균 연령이 50세가 되어 세계에서 가장 나이 든 국민이 된다고 합니다. 두 나라는 이미 국내총생산에서 중국에 추월당했습니다. 한편 미국은 국제 경제적 지위의 하락에 직면했습니다. 값싼 에너지는 더이상 없으며, 원자력은 안전하지 않다는 사실이 밝혀지고 있습니다.

한국인과 일본인은 두려울 만큼 같은 길을 가고 있습니다. 그러다 보니 서로에게 배울 것도 많고 타산지석으로 삼을 것도 적지 않습니다. 분투하고 있는 두 나라 앞에 미국과의 자유무역협정과 환태평양경제동반자협정(TPP) 문제가 공통적으로 놓여 있는 점도 그렇습니다.

사실 일상의 소소한 행복을 즐길 권리가 있는 일본과 한국의 보통 시민들이 'FTA'니, 'TPP'니 하는 낯선 낱말을 알아야 할 필요는 없어야 할 것입니다. 그러나 한국인이 한미자유무역협정을 겪은 경험에서 보면, FTA나 TPP는 시민들의 평범한 일상에 큰 영향을 줍니다.

그동안 한국에서는 '자유경제구역'이라는 곳에서 영리병원을 설립할 수 있게 한 제도를 폐지하기 위한 시민운동이 활발히 펼쳐졌습니다. 그러나 한미FTA가 발효되면서, 이 제도를 폐지할 수 없게 되었습니다. 결국 앞으로는 국민건강보험을 거부하는 영리병원이 한국에서 고착화됩니다. 그 결과는 무엇일까요? 병원마저 부자들이 이용하는 병원과 가난한 이들이 이용하는 병원으로 나누어지고, 부자들은 더이상 국민건강보험을 요구·수용하지 않을 것입니다.

한미FTA는 한국의 민주주의를 후퇴시켰습니다. 미국이 자유무역협정 협상 개시 조건으로서 쇠고기 수입, 자동차 환경규제 완화 등 '4대 선결조건'을 한국에게 요구했고, 한국이 이를 굴욕적으로 수용한 사실을, 한국 국민과 국회의원들은 아무도 몰랐습니다. 그리고 2005년엔 한미FTA를 반대하는 합법적 농민 집회에서 농민 두 명이 경찰진압으로 인해 목숨을 잃었습니다.

한미FTA가 발효했지만, 지난 5월에는 한국에서 미국으로의 수출량은 오히려 줄어들었습니다. 반면 미국산 오렌지가 국내 도시 상점에서 한국 과일을 밀어냈습니다. 올 5월, '론스타'라고 하는 미국 기업이 손해를 보았다며 한국 정부를 국제중재에 회부하겠다는 의향서를 보내온 사건은, 국제중재권(ISD)의 위험성을 잘 보여주었습니다. 이러한 객관적 토대 위에서 한미 자유무역협정 반대운동은 한국에서 지속적으로 진행되고 있습니다.

한국과 일본은 가까운 나라입니다. 공통의 과제를 함께 해결하면서 평화롭고 번영하는 아시아를 위해 같이 협력해야 할 사이입니다. 그러기에 FTA/TPP는 한국과 일본의 공통의 문제입니다. 아시아의 경제 협력과 통합을, 누가 어떠한 방향에서 주도할 것인가 하는 중요한 문제입니다. 만일 일본이 미국과 TPP를 체결하면 아시아 경제 통합의 주도권을 미국이 갖게 될 것

입니다. 그리고 이는 자칫 중국을 아시아에서 경제적으로 고립
시키는 도구가 될 염려도 있습니다.

　일본이 미국과 TPP를 할 것인가는 일본이 결정할 문제입니
다만, 한국의 경험에서 볼 때, 미국과의 TPP 협상은 한번 시작
하면 중도에 그만둘 수 없습니다. 협상이 불리하게 돌아가면
그때 중단하겠다는 말은 성립하지 않습니다. 미국이 요구하는
TPP 협상 개시 선결조건을 일본이 수용하고 일단 협상에 들어
가면, 결국 타결을 향해 달려가게 되어버립니다. 이 점을 일본
의 독자들이 아시기를 바랍니다.

2012년 6월 22일
서울에서 송기호

초판 서문

　혹시 전기가 처음 들어오던 날에 대한 기억을 가지고 있나요? 이 책은 법전처럼 딱딱하기에, 책의 시작 부분만큼은 법 이야기가 아닌 다른 이야기를 하고 싶습니다. 저는 마을 사람들이 한자리에 모여, 전기를 맞이하던 밤을 기억합니다. 칠흑빛으로만 찾아오던 밤이 어느 한순간에 한낮의 얼굴을 드러냈습니다. 그 후로, 전봇대의 행렬을 따라, '수출역군', '일인당 국민소득'과 같은 낯선 낱말이 동네로 들어왔습니다. 고장의 웬만한 젊은이들은 다 공장으로 떠났습니다. 아주 근면한 사람들이었습니다.

　아마 그들 중 그 누구도 '아이엠에프(IMF, 국제통화기금)' 사태라는 것을 생각조차 하지 못했을 것입니다. 1997년에 사태가 터졌을 때, 저는 은행 직장을 사직하고 사법시험 공부를 하고 있던 중이었습니다. 그러면서 많은 은행원들이 평생직장으로 여기던 일터에서 해고되는 것을 보았습니다. 가정이 붕괴하는 소식을 들었습니다. 수많은 노숙자들을 보았습니다. 그러더니 '구조조정', '명예퇴직'이라는 말이 사회에 자리 잡았습니다. '비정규직'이 일상의 언어가 되었습니다.

IMF사태는 제가 목격한 가장 큰 경제 사변입니다. 그 전과 그 후의 대한민국은 같은 나라가 아닙니다. 제가 은행에서 근무할 때, 창구의 여직원들은 정규직이었습니다. 그런데 사태 뒤에 옛 직장에 들러보니 모두 비정규직으로 바뀌어 있었습니다. '수출입국'이 수십 년 동안의 국가적 표어였던 나라에서 최근 4년 동안에 수출이 무려 두 배로 늘었다는데, 쓸만한 일자리는 구하기 어렵습니다.

이 책은 'IMF사태 이후 10여 년'이라는 관점에서 한미 자유무역협정을 바라봅니다.

한국은, 많은 문제와 한계에도 불구하고, 국가 주도로 자원을 동원해 생산력을 발달시키는 데 성공했습니다. 이는 1960년대 초 '경제개발'계획 당시, 우리 내부에 강력한 재산권 기득권 계급이 존재하지 않았기 때문에 가능했다고 생각합니다. 비록 철저하지 않았지만 농지개혁이 있었기에, 지주계급은 국가의 경제개발 동원 체제에 저항할 만큼 강하지 않았습니다. 적어도 경제개발 계획 초기에 국가의 동원에 저항할 강력한 재산권 집단은 존재하지 않았습니다.

한국이 상당한 생산력을 자랑할 수 있게 되면서 그 앞에 놓인 시대적 질문은, 국가의 역할을 어떻게 다시 규정할 것인가

하는 것이었습니다. 한국은 자신의 훌륭한 점과 잘못된 점을 찬찬히 조목조목 살펴볼 여유를 가져야 했고, 또 그럴 수 있었습니다. 그러나 불행하게도 IMF사태가 이 성찰을 폭력적으로 해결해버렸습니다. 국가가 갑자기 초라한 몰골이 되어 나타났습니다. 집안의 가장인 아버지가 어느 날 옆집 부자 아줌마에게 무릎을 꿇고 돈을 빌려달라고 애원하더니, 가족 가운데 부실한 아이들부터 내보내는 장면을 집안 식구들이 목격하게 된 것입니다. 그날 이후 한국인들은 국가를 내팽개쳤습니다. 대신 각개약진을 하게 되었습니다. 국가의 공백을 외국의 금융자본이 채웠습니다.

유길준은 1895년에 출간한 《서유견문》에서 "개화하는 데에서는 지나친 자의 폐해가 모자라는 자보다 더 심하다"고 썼습니다. 바른 개화란 "지나친 자를 조절하고 모자라는 자를 권면해, 남의 장기를 취하고 자기의 훌륭한 것을 지키는 것"이라고도 했습니다.

유길준의 권고를 기준으로 본다면, IMF사태는 한국이 '바른 개화'의 기회를 상실한 것이었습니다. 우리는 우리의 훌륭한 것을 찾아내지 못했습니다. 그리고 잘못을 바로잡지 못했습니다. 우리는 노동에 대해 감사하고 그 가치를 함께 인식하는 길로 가지 못했습니다. 삼천리 금수강산으로 불리던 생태계의 아픔을 돌볼 기회를 잃어버렸습니다. 성숙할 시간과 여유를 갖지 못한 채, 금융자본의 나라로 떠밀렸습니다.

　IMF사태의 정신적 충격은 매우 강력한 것이었습니다. 그날 이후 10여 년 동안 '개인의 재산'이 모든 사회적 가치를 압도하는 문화가 형성됐습니다. 그런데 바로 그 IMF사태 후 10여 년간의 결과를 법적으로 제도화하는 것이 한미FTA입니다.

　독자들은 이제 그 언어들을 만날 것입니다.

제1부 잘못된 선택

1. '비전 2030'의 진단

한미FTA를 미국이 한국에 강요했나요? 아닙니다. 한국 정부가 선택했습니다. 노무현 정부가 2006년에 발표한 〈비전 2030〉이라는 보고서를 읽어보시기 바랍니다. 〈비전 2030〉의 목표는, 2030년까지 한국이 '세계 일류 국가'가 되는 것입니다. 그래서 이름이 '비전 2030'입니다. 2030년의 대한민국을 적어도 2005년의 스위스 수준으로 만들겠다는 청사진입니다.

〈비전 2030〉은 IMF 외환위기 이후 양극화 문제가 급격히 악화되었다고 진단했습니다. IMF사태가 일어나기 전과 그 후의 한국사회는 다른 사회라고 했습니다. 이것은 저의 생각과 같습니다. 저도 앞에서 IMF사태를 우리시대의 가장 큰 경제 사변이라고 불렀습니다. 그런데 그 다음이 문제입니다. 〈비전 2030〉은 '국가의 규제'와 '소극적 개방'을 한국의 앞길을 막는 '낡은 제도와 관행'으로 규정했습니다. 그리고 '규제 개선 및 개방 확대'를 실천과제로 제안했습니다. 〈비전 2030〉은 국가 규제로부터의 해방과 적극적 개방을 한국이 가야 할 길로 제시했습니다. 그 결과가 한미FTA입니다.

IMF와 한국사회

그런데 국가 규제가 한국의 장래를 망쳤다는 〈비전 2030〉의 진단은 정확한가요?

한국의 앞길을 막고 있는 것은 국가 규제가 아닙니다. IMF사태를 기점으로 해서 한국경제에서 가장 크게 달라진 것으로서 은행의 주주 구성에서 외국인 지분 비율이 매우 높아진 점을 들 수 있습니다. 외국인 주식을 배척하자는 이야기가 아닙니다. 그들도 우리 경제에 필요합니다. 문제는 누가 주도하며, 무엇을 결정 기준으로 삼는가에 있습니다. 금융기관의 의사결정은 국민경제의 자원 배분에 크고 직접적인 영향을 줍니다. 그런데 외국인 주주의 이익을 기준으로 삼아 의사결정이 이루어지면, 국민경제에 필요한 장기 투자에 금융을 제공하기 어렵습니다. 단기 실적 위주로 금융이 이루어집니다. 그래야 은행은 주주의 욕망을 채워줄 수 있기 때문입니다.

한국경제의 성장 동력이었던 장기 투자 대신, 주주의 이익 위주로 돈이 흐릅니다. 기업은 노동의 장기적 가치와 교육에 투자하는 대신, 비정규직을 씁니다. 그 결과가 양극화입니다. 이런 환경에서는 혁신이 일어나기 어렵습니다. 국민경제의 질적 성장은 벽에 부딪힙니다.

〈비전 2030〉은 패퇴하는 국가의 자화상입니다. 국가의 규제와 공공정책은 국민경제를 유지하는 1차 보호선입니다. 그런데 〈비전 2030〉은 국가에게 퇴각을 명령하고 있습니다. 〈비전 2030〉이 한국의 갈 길로 제시하는 규제 개선이란, IMF사태 후 15년 동안 한국 땅에서 형성된 국제금융자본의 기득권에 국가는 손을 대지 말라는 것입니다.

국가는 자신이 지키고 서야 할 자리에서 후퇴합니다. 국가는 시장 주변에서 어슬렁거리다, 자신이 후퇴함으로써 생겨난 희생자들과 마주칩니다. 빈곤층의 기나긴 대열이 꼬리에 꼬리를 뭅니다. 국가는 헛기침을 하면서 그들에게 다가가 이렇게 말합니다.

"권력은 시장에 넘어갔다오. 복지에 쓰려니 세금을 더 내주시지요! 나의 새로운 비전은 그대들을 스위스 수준으로 돌보아 주는 것이오!"

2. 미국식 질서를 이식하는 장치

〈비전 2030〉이 한미FTA를 불러들였습니다. 그런데 〈비전 2030〉은 이 협정의 성격을 잘 알았을까요? 한미FTA는 한국이 만든 틀이 아닙니다. 미국이 고안해서, 거듭해서 판을 고치고 강화한 미국제입니다. 그 본질은 다른 나라에 미국식 질서를 이식(移植)하는 장치입니다.

국가의 손발을 묶다

이 협정은 매우 정교하고 치밀합니다. 핵심은 한미FTA 부속서 I, II의 '규제목록'(정부 번역에서는 '유보목록'이라고 합니다) 체제입니다.

여기서 규제목록이란, 한국이 이 협정과 상관없이 추진할 수 있는 공공정책들의 목록입니다. 영화를 예로 들어 설명해보겠습니다. 한미FTA에는, 국가가 기업에게 일정 비율의 국산 제품을 사용하도록 요구하지 못하게 하는 규정이 있습니다. 그러나 한국의 영화법에는 영화관으로 하여금 연간 73일 이상은 국산 영화를 상영하도록 하는 조항(스크린쿼터)이 있습니다. 이것은 한미FTA와 어긋납니다. 그렇지만 규제목록에 이 내용을 올려놓으면, 한미FTA와 상관없이 계속 시행할 수 있습니다. 이처럼 이 협정에 상관없이 계속 추진하겠다고 적어 내는 공공정책 목록이 바로 규제목록입니다.

규제목록에는 두 가지 유형이 있습니다. 하나는 〈부속서 I〉에 정리한 '현행 규제권'입니다(정부는 이를 '현행유보'라고 부릅니다). 이 목록에는 한국의 현행 규제들 중에서 한미FTA와 관계없이 유지할 수 있는 것을 적었습니다. 다른 하나는 〈부속서 II〉의 '미래 규제권'입니다. 여기에는 현행 규제인지 아닌지를 불문하고, 한국이 장차 한미FTA와 상관없이 시행할 수 있는 규제들을 적었습니다(정부는 이를 '미래유보'라고 부릅니다).

현행 규제권과 미래 규제권의 목록에 오르지 못한 나머지 모든 공공정책은 이 협정에 복종해야 합니다. '필수적 안보'만이 예외입니다. 결국 규제목록에서 빠진 일체의 국가 규제권을 모두 한미FTA에 복속시키는, 매우 정교한 장치입니다.

'후퇴할 자유'밖에 없다

한편 규제목록에 올린 공공정책이라고 해도 자유롭게 펼 수 있지도 못합니다. 왜 그럴까요?

첫째, 한미FTA는 규제목록과 관계없이, 모든 공공정책은

'투자자'를 위해 국제 관습법 대우 조항과 수용 보상(현금 시가) 조항(각각 2부와 3부 참조)을 지키도록 하고 있기 때문입니다. 그러니까 평시(平時)라면 어떠한 경우에도, 수용 보상 의무와 공정·공평 대우 의무가 한국의 모든 국가 기능을 구속합니다. 이 두 조항 앞에서 규제목록은 소용이 없습니다.

둘째, 〈부속서 I〉의 현행 규제권에는 근본적 제약이 있습니다. 국가가 일단 스스로 규제를 풀어주면, 아무리 목록에 있는 내용이라도 다시 규제권을 회복할 수 없습니다. 곧 국가의 규제권은 '뒤로 후퇴할 자유'만 있습니다. 한번 물러서면 다시는 앞으로 나갈 수 없습니다('래칫'(역진 방지)이라고 부르는 것입니다).

셋째, 〈부속서 II〉의 미래 규제권 행사에도 큰 제약이 있습니다. 한국의 미래 규제권 목록의 첫번째로, 한국은 공공질서 유지를 위해 외국 투자를 제한할 수 있다고 되어있습니다. 그러나 그 밑에 단서가 주렁주렁 달려 있습니다. 그 투자가, "사회의 근본적 이익에 대하여 진정하고 충분히 심각한 위협을 가져오는 경우에, 투자에 대한 위장된 제한이지 않도록, 달성하고자 하는 공공목적과 비례해서"만 투자를 제한할 수 있습니다. 그리고 이러한 사유를 입증할 책임은, 한국 정부에 있습니다. 다시 말하면, 한국이 공공질서 유지를 위해 미국인 투자를 제한하려면, 한국사회의 '근본적 이익'에 대한 '진정하고 충분히 심각한 위협'이 있다는 것을 한국이 증명해야 합니다. 이렇게 되면, 공공질서를 이유로 투자 진입을 제한하기란 매우 어렵습니다. 외국계 대형 할인매장이 국내 지방의 중소도시에 진출하려고 시도할 때, 중앙정부나 지방정부가 중소상인을 위하여 그 허가를 내주지 않기란 사실상 불가능합니다.

'규제목록 체제'는 이렇듯 투자자와 국가의 관계를 역전시킵니다. 국가가 기업을 규제하던 것이 이제는 반대가 됩니다. 기업이 금지선을 설정하고, 국가는 그 금지선을 넘을 수 없습니다. 기업이 국가를 규제합니다. 국가는 규제권을 되찾을 수도 없습니다. 규제를 포기할 자유만 있습니다.

투자자만 특별대우

한미FTA의 특징은, 투자/투자자에게 국가의 진입 규제로부터 해방될 특권을 주는 것입니다. 투자/투자자의 대표적인 모습이 바로 국제금융회사입니다. 세계 어느 곳에나 진입하여 이익을 누리고 싶은 국제금융회사들은 개별 국가의 규제권을 매우 거추장스러운 장애물로 여깁니다. 그래서 FTA의 '투자자'라는 낱말을 내세워 각 나라의 규제권을 무력화합니다. 그로써 국제금융회사는 각 나라에 진입할 자유를 갖고[1], 각 나라의 규제로부터 자신의 기득권을 지킬 수 있게 됩니다. FTA란 '투자자'를 위한 '세계 헌법'을 만드는 일입니다. 이 세계 헌법은 투자자라는 이름의 국제금융회사에게 특권을 줍니다.

국가의 산업육성책도 불가능

한미FTA는 국민경제를 위한 국가의 적극적 산업육성정책도 막습니다.

[표1]

기술 또는 표준을 제한하는 조치는 정당한 공공정책 목적을 달성하기 위하여 고안되어야 하며, 무역에 대해 불필요한 장애를 일으키는 방식으로 입안·적용되어서는 안된다. 국내 공중통신서비스 또는 부가서비스 공급자를 보호하는 것은 정당한 공공정책 목적이 아니라는 것을 인정한다.

(한미FTA 14.21조)

이 조항이 진정 담으려고 한 의미는 무엇일까요? 그것은 한국의 정보통신산업과 국민경제 사이의 연계를 최대한 끊겠다는 것입니다.

한국의 정보통신산업은 대표적인 연계망(네트워크) 산업입니다. 무수히 많은 경제 주체들 사이의 연결망입니다. 효율적인 기술 및 표준은 그 연결의 수준과 질을 결정합니다. 이러한 연계망 산업은 어느 한 회사의 영리 수단이 되어서는 안되며, 국민경제에 이바지해야 합니다. 그런데 [표1]은 '무역에 대해 불필요한 장애를 일으키는 방식' 혹은 '국내 공급자 보호' 수단이라는 혐의를 씌워서 연계망 산업의 국민경제적 역할을 제약하겠다는 것입니다.

과연 벗어날 수 있는가

국가는 이 체제에서 벗어날 수 있을까요? 서류상으로는 가능합니다. 한국은 한미FTA를 해제할 권한을 가지고 있습니다. 한국이 미국에 종료를 서면으로 통보한 날로부터 180일 후에 한미FTA는 종료됩니다(24.5조).

　그러나 국가가 완전히 해방되는 것은 아닙니다. 2부에서 자세히 살필 투자자 국제중재 제소권은 이 협정이 종료되더라도 살아있습니다. 조약에 관한 조약이라고 불리는 '조약법에 관한 비엔나 협약'에 따르면, 조약이 종료되어도 그 전에 발생한 권리·의무에는 영향을 주지 않습니다. 특히 조약의 분쟁해결 조항이 주는 권리·의무에는 영향이 없다고 명시하고 있습니다. 그러므로 투자자는 한미FTA가 해제되더라도 종료되기 전에 있었던 한국 정부의 조치들을 국제중재에 회부할 수 있습니다. 한미FTA는 매우 정교한 장치입니다.

3. 외환위기와 투기자본

참 이해하기 어려운 일이, 한국이 왜 IMF사태를 겪어야 했는지 그 원인과 대책에 관한 공통된 인식이 우리사회에 없다는 점입니다.

IMF사태는 직접적으로는 달러 부족 때문에 발생했습니다. 그래서 IMF사태를 '외환위기'라고도 부릅니다. 한국에 달러가 들어오는 흐름을 보면, 한 종류는 한국에서 만든 상품이나 서비스를 외국에 팔거나, 외국인이 한국에서 공장을 짓기 위해 달러를 가지고 들어오는 것입니다. 이런 경우 달러의 이동은 무역이나 서비스의 거래와 회사 설립과 같이 움직입니다. 그래서 안정적입니다.

그런데 또다른 범주의 달러 이동은 그렇지 않습니다. 이것은 무역이나 공장 건설과 연계되어 있지 않습니다. 이미 있는 한국 회사의 주식을 매집하여 경영권을 장악한 후, 회사를 비싸게 되팔고 떠납니다. 혹은 주가가 오르기를 바라며 주식을 삽니다. 또는 이자수익을 바라고 한국 회사의 채권을 매입하는 경우입니다. 이 경우엔 달러가 실물경제와 연결되어 움직일 필요가 없으므로 언제든지 그 양이 엄청나게 늘어날 수도, 큰 폭으로 줄어들 수도 있습니다. '먹튀'라는 별명처럼, 치고 빠지는데에 재간이 뛰어납니다. 언제든지 들어오고 빠져나갈 수 있습니다. 이들은 투기적 성격을 띠고 있습니다.

이 투기자본의 움직임에 주의하지 않으면 안됩니다. 이들은 한국의 경제상황이 나빠질 징후가 보이면 가장 먼저 신속히 달러를 빼가려고 할 것입니다. 그런데 만일 투기자본이 일제히 달러를 회수하거나 상환을 독촉하면, 국내의 경제상황은 악화되고 외환 부족 사태가 발생합니다. 바로 이 외환 부족 때문에 한국은 IMF로부터 달러를 빌려야 했습니다.

다시 IMF사태를 겪지 않기 위해, 최소한의 안전장치로서 국가는 투기자금의 이동을 적절하게 규제할 수 있어야 합니다. 국가는 비상한 경제상황에서 달러가 일시에 빠져나가지 못하도록 외환 이동을 규제하는 권한을 가져야 합니다. 이를테면 비상시에는 송금하려는 달러 금액의 일정 비율을 은행에 예치하도록 한다든지, 송금 허가제로 운용한다든지, 혹은 송금에 중과세를 하는 등의 규제권을 가져야 합니다. 이는 국민경제의 안정과 국민통합에 필수적입니다.

투기자본을 규제하는 방법

　1997년 아시아 여러 나라의 외환위기와 2001년 아르헨티나 외환위기 등을 겪으면서, 세계 각국은 외환 규제를 만들었습니다.

　영국과 모로코의 투자협정과 같이, 국제수지상의 어려움 등이 있는 경우에는, 일정 기간 동안 외환 송금을 제한할 수 있게 했습니다. 다만 투자자를 배려하여 투자수익의 20퍼센트까지는 송금을 허용했습니다.[2] 아시아 투자지대협정, 한국과 싱가포르의 자유무역협정에서도 국제수지나 환율정책 운영에 심각한 어려움이 있는 경우, 일정 기간 외환 송금을 제한할 수 있게 했습니다.[3] 중국과 판란드의 투자협정도 국내법에 따라 외환 송금을 규제하도록 했습니다.

[표2]

국가는 무역수지에 어려움이 발생한 예외적인 경우에, 공정·비차별·신의칙(信義則)에 입각하여 국내 법률상의 권한에 따라 송금 규제조치를 취할 수 있고, 그 기한은 해당 상황에 대한 IMF의 규정에 따라야 한다.

(중국-핀란드 투자협정 6.2조)

　칠레는 한국, 캐나다, 멕시코와의 자유무역협정에서 중앙은행의 포괄적 송금 규제권을 확인받았습니다. 칠레로 유입된 달러를 1년 혹은 5년이 지나야 외국으로 송금할 수 있도록 했습니다. 또 송금액 가운데 일정 비율을 중앙은행에 예치토록 하는 규제를 인정받았습니다.[4] 미국과의 자유무역협정 협정에서는, 칠레 정부의 대외송금 제한조치에 맞서 투자자가 손실보상 청구를 하려면 그 조치가 있는 때부터 1년을 기다리도록 했습니다. 그리고 사업손실에 대해선 보상을 요구하지 못하도록 했습니다. 특히 주목할 것은, 이 손실보상 청구 사건에서는 자유무역협정이 아닌 칠레 국내법을 적용해서 심판하도록 했습니다.[5]

'송금보장'의 결과는

그런데 한미FTA에서는 아래의 조항에 따라,

[표3]

국가는 원금, 이윤, 배당금, 이자, 로열티, 경영지도비, 상환금, 청산금 등 투자에 관한 송금이 국외로 자유롭고 지체 없이 이루어지도록 허용해야 한다.

(한미FTA 11.7조)

투기성 자본의 대외송금도 원칙적으로 자유롭게 허용해야 합니다. 이것이 문제입니다. 한미FTA가 있기 전에는 한국 정부는 [표4]의 한국 법령을 근거로 투기성 자본을 폭넓게 규제할 수 있었습니다.

[표4]

재정경제부장관은 국내외 경제사정의 중대하고도 급격한 변동, 기타 이에 준하는 사태의 발생으로 인하여 부득이하다고 인정되는 경우에는 외환의 대외 지급과 거래를 일시 정지할 수 있다. 장관은 국제 자본이동이 통화정책이나 환율정책 등을 수행하는 데에 심각한 지장을 초래할 경우, 자본거래 허가제 혹은 그 외환 일부를 한국의 은행 등에 예치하도록 하는 조치를 취할 수 있다. 이 조치들은 특별한 사유가 있는 경우에는 6개월의 기간을 넘어 행할 수 있다. 이 조치는 주식의 10퍼센트 이상을 취득한 직접투자에는 적용하지 않는다.

(외국환거래법 6조)

그러나 이러한 규제권은 한미FTA(송금보장 대우 조항)에 의해 제약을 받습니다. 아래의 단서를 자세히 보십시오.

[표5]

한국은 외환거래법에 따른 송금 제한조치를 취할 수 있다고 한미 양국은 합의한다. 다만 이 합의는 ①외국인 직접투자와 연계된 대외송금에 대해 적용하지 않는다, ②미국과 사전 조율하지 않은 경우, 경상거래를 위한 송금에 대해 적용하지 않는다, ③한국이 이 합의가 적용되는 경우의 송금에 대해 제한조치를 하려면 다음의 요건을 갖추어야 한다. 조치의 기간은 1년 이하의 기간으로 하되 극히 예외적인 상황에서 한국이 이 기간을 연장하려 할 경우 미국과 사전에 조율할 것, 몰수적이지 않을 것, 미국의 상업적·경제적 또는 재정상의 이익에 대해 불필요한 손해가 생기지 않도록 할 것 등.

(한미FTA 부속서 11-G)

무슨 뜻일까요? 먼저 외국인 직접투자와 연계된 대외송금에 대해선 한국은 외국환거래법의 제한조치를 할 수 없습니다. 그런데 [표5]를 보면, 무엇이 직접투자인지 정확한 규정이 없습니다. 그래서 투기성 주식투자도 직접투자에 해당할 수 있습니다. 투자 영역의 자본 거래 분야, 예컨대 장기 회사채의 일시 상환 송금과 같은 거래에 대해 그 송금을 제한하려고 할 경우에도 [표5]의 여러 요건을 갖추어야 합니다. 특히 미국의 상업적·경제적 또는 재정상의 이익에 대해 불필요한 손해가 생기지 않도록 해야 합니다.

만일 한국이 이 협정를 어기고 외환 송금을 규제하면, 이에 맞서 국제금융자본은 한국을 국제중재에 회부할 수 있습니다(2부 참조). 한미FTA는 IMF사태 이후 15년간 한국에서 국제금융자본이 구축한 기득권을 가장 우선적으로 보호합니다.

4. 무소불위의 국제금융회사

IMF사태 후 한국에서 강자의 위세를 누려왔던 국제금융자본은, 한미FTA의 힘으로 더욱 막강한 강자가 됩니다. 이 위세 앞에 다음 헌법재판소의 판례는 매우 초라해 보입니다.

> 대형 금융기관과 같은 대기업의 주식에 대하여는 그의 강한 사회적 연관성 때문에 보다 광범위한 제한이 정당화된다. 왜냐하면 대기업의 자본 지분인 주식은 그 재산권이 개인의 인격 발현에 대하여 지니는 의미는 상당히 미소한 데 반하여 사회적 연관성이나 사회적 기능이 뚜렷하다. 그러므로 국가에 의하여 보다 폭넓게 제한될 수 있다.[6]

기득권 지키기

이러한 한국 헌법에 맞서서, 그동안 국제금융자본이 한국 땅

에서 획득한 기득권을 법을 만들어 지키는 것이 한미FTA의 목
적입니다.

[표6]은 금융제도와 금융기관의 안정성·건전성을 위해 한국
정부가 펴는 정책조차 투자자에 의해 국제중재에 회부당할 수
있다는 뜻입니다. 국제중재에 회부되면 한국 정부는 '안정성과
건전성을 위한 조치'는 국제중재의 대상이 아니라고 항변하겠
지요? 그러면 어떻게 될까요? 한국 정부의 주장에 대한 일차적
인 판단은 '금융서비스위원회'가 하도록 했습니다(한미FTA
13.19조 이하 이 협정의 조문임). 그런데 이 위원회는 한국과 미국
의 금융서비스 담당 공무원으로 구성됩니다. 결국 미국 공무원
들이 찬성하지 않으면 한국 정부의 주장은 받아들여지지 않고
국제중재가 진행됩니다.

또 이것과 별도로, 미국 정부가 국제금융자본을 위하여 한국
을 제소할 수도 있습니다. 이때 재판은 한국 법관이 아니라 금
융서비스 전문가라는 사람들이 맡습니다(13.18조).

국제금융자본이 휘두를 수 있는 법적 무기는 여기에 그치지
않습니다. 한미FTA는 국가의 통화정책과 환율정책에 대해서
까지도, 그로 인해 국제금융자본의 (송금) 자유가 훼손당하지

않도록 했습니다. 아래 [표7]이 그런 의미입니다.

> [표7]
> 투자자 조항은 통화정책 및 관련 신용정책 또는 환율정책을 추진하는 공공기관의 비차별적 조치에는 적용되지 아니한다. 이는 송금 자유 보장 조항에 따르는 국가의 의무에는 영향을 미치지 아니한다.
>
> (한미FTA 13.10조 2항)

이런 상황이면, 국가 위에 국제금융회사가 있다고 말해도 과언이 아닙니다.

위험에 빠진 기업 경영권

한미FTA는 '투자'와 '투기'를 구별하지 않습니다.

> [표8]
> 투자는 주주권, 주식 및 그 밖의 회사 지분 참여 형태를 포함한다. 채권, 회사채, 장기어음과 같은 형태의 부채는 투자의 특징을 가질 가능성이 보다 높은 반면, 그 밖의 다른 형태의 부채는 그럴 가능성이 보다 낮다.
>
> (한미FTA 11.28조, 11장 주석 10)

[표8]에서 보듯이, 주식 취득도 '투자'에 해당합니다. 또 이 조항에서의 '주주권, 주식, 지분' 등은 100퍼센트 혹은 과반수 이상의 회사 지분을 보유한 대주주만을 의미하지 않습니다. 소수 지분도 한미FTA상의 대우를 해달라고 국가에 요구할 수 있

습니다. 그것은 국제중재 판례들('에이에이피엘(AAPL)' 사건, '랑코(Lanco)' 사건, '씨엠에스(CMS Gas)' 사건)의 일관된 해석입니다.

2005년 '씨엠에스' 판결은 회사의 영업수익에 영향을 준 규제에 맞서 소수 주주가 보상을 요구할 수 있다는 것을 보여준 사례입니다., 이 사건의 국제중재부는 소수 지분도 투자협정에서의 투자에 해당하며, 소수 주주라도 회사에 대한 규제에 맞서 중재 회부권을 가지고 있다고 판정했습니다. 소수 주주권 자체에 대한 규제가 아니었음을 강조한 아르헨티나의 항변은 인정받지 못했습니다.[7] 중재부는 국가의 규제가 소수 주주에게 (투자의) 안정성과 예측가능성을 제공하지 못하여, 투자협정의 공정·공평 대우 기준(2부에서 설명합니다)을 위반하였다면서, 아르헨티나에게 1억 3천만 달러를 보상하라고 판정했습니다.

회사채나 어음의 매입도 [표8] 조항에 따라 투자에 해당됩니다. 1998년 '페닥스(Fedax NV)' 사건에서, 국제중재부는 약속어음의 취득은 자금을 빌려준 것과 마찬가지이고, 이는 투자협정에서 투자의 정의, '모든 종류의 자산'에 해당하므로 약속어음도 투자라고 판정하였습니다.

국내 기업의 소유권과 경영권은 큰 영향을 받게 됩니다. 미국계 사모(私募)투자 전문회사(사모펀드)가 한국 국내 기업의 지배구조와 경영권을 장악하려는 활동도 보호 대상이 되기 때문입니다. 미국계 사모펀드들이 단지 주주 배당금을 받으려고 한국 기업의 주식을 매집하는 것은 아닙니다. 그런데 한미FTA에서는 소수 주주가 다수 지분을 확보해서 회사의 경영권을 장악하려는 기도도 그 소수 지주의 필수적 이익의 한 요소로 인 정되어 보호를 받습니다. 따라서 외국계 사모펀드의 국내 기업 지배구조와 경영권 장악 시도도 보호의 대상이 됩니다.

소수 지분 투자자의 경영권 장악 시도를 간접수용 보상 조항 을 적용하여 보호한 사례는 '세멕스(Cemex)' 사건입니다. 멕시 코 국적 시멘트회사인 세멕스는 1998년 인도네시아 제일의 국 영 시멘트회사 '시멘그레시크'의 주식 25퍼센트를 매입했습니 다. 세멕스는 주식 매입 계약서에서 2001년까지 51퍼센트의 지 분을 매입해 경영권을 차지할 수 있는 선택권까지 확보했습니 다. 그런데 세멕스가 이 선택권을 행사해 시멘그레시크의 경영 권을 장악하려고 하자, 인도네시아에서는 시멘트 자원의 통제 권이 외국 회사에 넘어가는 것을 반대하는 여론이 강하게 일어 났습니다. 인도네시아 정부는 난처한 입장에 처했고, 세멕스는 인도네시아 정부에게 계약서의 약속을 지키든지, 아니면 주식 을 비싼 값에 되사라고 요구했습니다. 인도네시아 정부가 대답 을 내놓지 않자 세멕스는 인도네시아를 국제중재에 회부했습 니다. 이때의 명분이 간접수용이었습니다. 인도네시아 정부의 투자계약 불이행이, 세멕스의 경영권 장악을 '간접수용'했다는 것입니다.

세멕스가 인도네시아에 요구한 보상액은 3억 달러였습니다. 인도네시아는 결국 2007년 국제중재 절차에서 세멕스에게 합 의를 해줘야 했습니다. 화해 판정문이 공개되진 않았지만, 인 도네시아 정부는 세멕스가 다른 인도네시아 시멘트회사의 지

분을 매입할 수 있도록 허가해주고, 세멕스는 중재 회부를 취하한다는 내용이 보도되었습니다.[8]

미국계 사모펀드는 한국 정부의 유·무형 혹은 직·간접적 행동에 의해 회사 소유권 및 경영권과 관련된 자신의 이해관계가 좌절되거나 영향을 받을 때, 한국을 국제중재에 회부할 수 있습니다. 한국의 증권거래법은 음성적인 주식 매집에 맞서 경영권을 방어하기 위한 장치를 두었습니다. 회사의 경영권에 영향을 줄 목적으로 회사 주식을 5퍼센트 이상 대량 보유하는 경우에는, 주식 취득자가 이를 금융감독위원회에 보고한 때로부터 5일 안에 주식을 추가로 취득하지 못하도록 규제하고 있는 것입니다. 또한 이 주식 취득자가 이 의무를 성실히 이행하지 않은 경우, 그가 취득한 주식에 대한 의결권 행사가 제한당합니다. 그런데 한국이 이런 규제를 실제로 운용하는 과정에서, 미국계 사모펀드의 이익을 침해하면 그들은 한국에 보상을 요구할 것입니다.

이미 회사의 경영권을 장악한 미국인 대주주의 이익도 '투자'로서 보호 대상입니다. 그러므로 주요 기업의 외국인 지분이 너무 과도해서 생기는 국민경제적 부담을 해소하기 위해서, 한국 정부가 외국인 지분율을 낮추도록 조치하면, 대주주의 '경영권에 대한 수용'에 해당하고, 따라서 보상해야 합니다.

'진입'할 자유

앞에서 잠깐 보았지만, 한국은 국제금융자본의 국내 진입을 제한할 수 없습니다. 한미FTA 〈부속서 II〉에는, 사실상 실효는 없지만 공공질서 유지를 위한 투자 진입 제한권이란 것이 있습니다. 그러나 한국의 금융기관에 투자한 국제금융자본에 대해서는, 이 형식적인 진입 제한권조차 적용할 수 없습니다. "금융서비스에는 이 유보가 적용되지 아니한다"는 단서 조항을 마련해두었기 때문입니다(부속서 II의 2면, 3항).

국제금융회사가 가지는 힘은 매우 큽니다. 한미FTA는 한국에서 금융기관을 설립하거나 인수하려고 하는 국제금융자본에 대해, '내국민 대우'(2부 참조)를 부여했습니다(13.2조). 따라서 국제금융자본은 한국에서 금융기관을 설립·인수할 때에 한국인만큼 자유롭게 할 수 있습니다.

이전에는 국제금융회사는 한국 금융감독기관이 허가한 금융상품만 팔 수 있었습니다. 한미FTA는 그 역사에도 종지부를 찍었습니다. 허가된 금융상품만 팔던 시대에서, 금지되지 않는 한 다 팔 수 있는 시대로 확 바뀌었습니다. 이것을 한미FTA는 금융서비스 상품 규제방식을 지금까지의 '허가목록주의'에서 '예외목록주의'로 전환한다고 표현했습니다(13장 부속서한). 또 한미FTA는 국제금융자본이 한국에서 획득한 영업자료를 미국으로 가져가서 처리하는 것도 가능하게 했습니다(부속서 13-B 2절).

밀려나는 협동경제

한미FTA는 국제금융회사의 이익을 위하여 협동조합을 밀어

냅니다. 농협·수협·신협의 협동조합에게 민간 보험회사보다 유리한 경쟁상의 혜택을 주어서는 안된다고 규정했습니다. 협정 발효 후 3년 이내에 이들 협동조합의 보험서비스를 금융감독위원회가 감독하도록 하였습니다.

한국과 미국이 별도의 보험 작업반을 만들어, 민간 보험회사의 우체국·농협 등과의 동등한 경쟁을 보장하도록 했습니다(부속서 13-B). 한국의 우체국이 변액생명보험, 손해보험 및 퇴직보험을 포함하여 새로운 보험서비스를 공중에게 제공할 수 없도록 하였습니다. 또 우체국이 한국의 규제를 이용하여 민간 보험회사보다 더 좋은 서비스 혜택을 공중에게 제공할 수 없다고 했습니다. 우체국은 보험서비스에 관한 재무제표와 결산서 등의 회계자료를 금융감독위원회에 제출하도록 하였고, 그 감독을 받도록 하였습니다.

1부를 마무리하겠습니다. 한미FTA를 불러들인 〈비전 2030〉의 진단은 틀렸습니다. IMF사태 후 15년은 '국가 규제의 시대'가 아니었으며, '소극적 개방'의 시대도 아니었습니다. 오히려 '국가 퇴행'과 '과잉 개방'의 시대였습니다. 한국이 IMF사태에서 교훈을 얻지 못한 결과가 이 협정입니다. 한미FTA는 잘못된 선택입니다.

제2부 '투자자 국제중재 제소권' 폐지

1. 공공서비스 지키기

한미FTA를 어떻게 할까요? 이미 이 협정은 발효했습니다. 이 현실을 고려해서 대응해야 합니다. 출발점은 〈비전 2030〉의 잘못을 국민과 함께 바로잡는 데에 있습니다.

혁신과 소통, 신뢰와 연계의 국민경제를 만들려면, 경제민주화를 이루어야 합니다. 그리고 여기에서 핵심적인 두 가지는, 국민이라면 누구나 안심하고 기본적인 삶을 누릴 수 있는 공공서비스를 제공하는 것과, 금융기관이 국민경제에 이바지하는 역할을 하도록 만드는 것입니다. 국민경제가 질적으로 성장하는 동력은 혁신입니다. 그런데 혁신을 위해서는 국민경제 구성원들의 창의와 소통, 신뢰와 연계가 필수적입니다. 첫째, 건강보험, 사회복지, 식량자급, 안전, 전기, 수도, 가스, 철도와 같은 공공서비스는 국민이 안심과 여유를 가지고 창의적 소통을 할 수 있도록 하는 공공자산입니다. 이것을 제공하는 일은 국민경제 혁신에 필수적입니다. 둘째, 금융기관이 투기나 단기 이익에 빠지지 않고 국민경제에서 건전한 역할을 하도록 만드는, 국가의 역할이 중요합니다. 즉 국제금융자본을 국가가 규제하는 것이 중요합니다.

한편 한미FTA는 투자자에게 국제중재 제소권이라는 특권을 부여하고 있습니다. 이 조항을 폐지하는 것이 경제민주화 정신에 맞게 한미FTA를 고치는 출발입니다.

[표9]
국가는 투자자의 국제중재 회부에 동의하며, 이 동의는 국제투자분쟁 처리센터의 관할권 등에 대한 서면동의와 같은 효력을 갖는다.

(한미FTA 11.17조)

[표9]는 투자자가 국가의 공공정책에 도전하여 국가를 국제중재로 끌고 가는 제도입니다. 이 국제중재는 법원의 재판과 달리 한국법에 따라 판정을 하지 않습니다. 그리고 한번 판정을 내리면 그 결과를 다툴 수도 없습니다. 한국의 법원도 이를 어떻게 할 수 없이 승인을 해야만 합니다. 세 사람의 중재인이 심판을 하는데, 한국과 미국이 한 사람씩 중재인을 임명하므로, 나머지 한 사람인 의장 중재인이 중요합니다. 이 의장 중재인은 세계은행 산하에 있는 국제투자분쟁처리센터의 사무총장이 임명합니다.

[표9]는 한국을 국제중재에 회부할 수 있는 권한을 투자자

에게 포괄적으로 부여하는 동의 조항입니다. 한미FTA에 이런 동의 조항이 들어간 이유는, 국제법 원칙상 이 조항이 없다면 투자자가 한국을 국제중재에 회부할 수 없기 때문입니다. 한국이 한국 법원도 아닌 국제중재에 의무적으로 끌려간다는 것은 국제법상 불가능합니다. 상상할 수 없는 일입니다. 그러나 [표9] 조항에 의하여, 한국은 국제중재기관의 중재 관할권에 포괄적으로 동의한 것이 됩니다. 투자자가 호출만 하면 한국은 언제든지 국제중재기관으로 뛰어가야 합니다.

요약하자면, [표9] 조항이 있기 때문에 투자자가 결심만 하면 한국 정부는 언제든지 국제중재에 회부됩니다. 선택권이 한국 정부에서 투자자로 넘어간 것입니다. 이렇게 해서 '국제중재'는 투자자가 총집에서 언제든지 뽑아 쓸 수 있는 권총이 되었습니다.

'한전'에게 전기요금을 동결하도록 하는 한국 정부의 조치도 국제중재에 회부될 수 있습니다. 더욱이 한국의 대부분의 중요 기업들에는 대부분 외국인 투자자가 지분에 참여하고 있는데, 한국 기업의 주식을 가지고 있는 이 외국인들이 한국 기업을 대신하여 한국 정부를 국제중재에 회부할 수 있습니다.

흔들리는 국가정책 — 수도·가스·전기요금

[표9]를 폐지해서 투자자의 국제중재 제소 특권을 폐지해야 합니다. 그래야 공공서비스를 지킬 수 있습니다.

2011년의 '임프레길로(Impregilo)' 사건과 '토탈(Total)' 사건에서는, 아르헨티나 정부가 2001-2002년의 금융위기 때 실시한 수도와 가스 요금 동결 조치가 공격을 받았습니다. 2007년의 엔론(Enron) 사건과 2005년의 '씨엠에스(CMS Gas)' 사건도 국가가 가스요금을 올리지 못하도록 조치한 것이 국제중재 대상이었습니다. 이 사건에서 아르헨티나 정부는 모두 패소했습니다. 수도와 가스 요금 동결을 경제위기의 고비가 지난 후에도 계속했다는 이유였습니다. 그러나 요금 동결은 아르헨티나 국회가 만든 비상조치법에 근거가 있었습니다.

전기요금 인하도 공격 대상입니다. 2010년에 과테말라 정부는 국영 전기회사의 사유화를 승인했습니다. 그리고 10년이 지난 후, 전기세 인하 조치를 했습니다. 그러자 사유화에 참여한 미국 기업 '테코(Teco)'가 전기세 인하에 맞서 과테말라 정부를 국제중재에 회부했습니다. 약 2,500억 원의 손해 보상을 요구했습니다. 이 사건은 현재 진행 중입니다.

2009년에는 공영 전기회사에 투자했던 미국 기업 '티씨더블유(TCW)'에 의해 도미니카 정부가 국제중재에 회부되었습니다. 도미니카 정부가 약속하였던 전기료 제도를 이행하지 않았고, 전기료 보조를 해주지 않았다는 이유였습니다. 결국 도미니카 정부는 합의금을 지급했습니다.

2005년 '벡텔(Bechtel)' 사건에서, 세계적인 건설회사인 이 미국 회사는 인도의 마하라슈트라주(州)의 대규모 전력 발전소 건설사업에 투자하여 '다볼' 전력회사를 설립하였습니다. 투자 당시에 회사설립 계약 등 여러가지 계약이 체결되었는데, 그중에는 인도의 주(州) 정부가 민영 발전소로부터 전력을 구매하도록 한다는 내용의 전력구매 계약도 있었습니다. 그런데 계약서의 가격결정 조항 때문에 전기료가 높게 책정된다는 비판이 인도 내부에서 강하게 일었습니다. 이 여론을 반영하여 계약에 대한 재협상이 진행되었습니다. 그러나 전기료 분쟁은 해결되지 않았고 결국 발전소 건설사업은 중단되었습니다. 국제중재부는 2005년, 인도 주 정부의 계약 불이행은 벡텔이 보유한 계약상 권리를 침해한 것이라며, 인도로 하여금 1억 2,500만 달러를 보상하라고 판정하였습니다.

결박된 공익사업

수도(水道) 공영화도 투자자 국제중재 제소권의 표적입니다. '아주리(Azurix)'라는 미국 회사가 아르헨티나의 부에노스아이레스에서 수도사업권을 받아서 수도 사업을 했습니다. 그런데 수도에서 이끼가 나오고 수질이 나빠졌습니다. 아주리는 그 원인은 부에노스아이레스 시 정부가 수원지 정화·정수시설 보수와 댐 관리를 하지 않은 탓이라며, 시 정부에게 수도 사유화 계약 해제를 통지했습니다. 그러나 시 정부는 해제를 거부하고, 아주리에게 수도 서비스 공급을 명령했습니다. 아주리는 이에 맞서 파산을 신청했고, 시 정부는 아주리와의 계약을 해제하고 공영화 조치를 했습니다. 아주리는 아르헨티나를 국제중재에 회부했습니다. 국제중재부는 아르헨티나 정부에게 약 1,800억 원을 보상하라고 판정했습니다.

철도 공영화도 마찬가지입니다. 과테말라 정부는 자국 철도에 투자한 미국 투자자 '알디씨(RDC)'가 자금난으로 철도 복구를 제대로 하지 않자 철도 운영권을 회수했습니다. 하지만 국제중재에 회부됐고, 약 125억 원을 보상하라는 판정을 받았습니다. 알디씨는 과테말라 정부가 철도 선로 부지에서 불법거주자를 내쫓고 철도 유지 보수에 투자하기로 한, 사유화 계약을 지키지 않았다고 주장했습니다. 과테말라 정부는 이 사유화가 국익에 해가 된다고 선언했지만, 결국 국제중재에 회부당했습니다.

에너지 정책도 자유롭지 않다

독일 의회는 2011년에 새 원자력법을 제정하여 원자력발전을 2022년까지 종료하고 노후한 원자력발전소 17기를 2011년 8월 6일까지 폐쇄하기로 했습니다. 그러자 폐쇄 대상 원자력발전소 2기(독일 크뤼멜과 브룬스뷔텔 두 지역)를 운영하던 스웨덴 기업 '바텐팔(Vattenfall)'은, 이에 맞서 2012년 5월에 독일 정부를 국제중재에 회부하여 약 1조 원의 보상을 요구했습니다.

그루지야 송유관 개발에 투자한 이스라엘 사업가 '훅스(Fuchs)'는 그루지야가 다른 국제 에너지기업들과 대규모 송유관 개발 프로젝트를 진행하자 그루지야 정부를 국제중재에 회부했습니다. 그래서 약 500억 원의 보상 판정을 받았습니다.

유무형의 모든 공공서비스가 대상

투자자는 한국 정부의 모든 '조치'를 표적으로 삼을 수 있습니다. 한미FTA는 국제중재에 회부되는 조치를 아래처럼 정하고 있는데,

[표10]
조치라 함은 모든 법, 규정, 절차, 요건 또는 관행을 포함한다.

(한미FTA 1.4조)

범위가 워낙 넓으므로, 차라리 대상에서 제외되는 것을 살피는 편이 실익이 있습니다. 국가의 '필수적 안보 이익'을 위한 조치는 일반적 예외로서 제외됩니다(23.2조). 이것 하나만 인정됩니다. 나머지 모든 공공서비스가 국제중재 회부 대상입니다. 위생검역조치, 곧 광우병과 같은 위험요인으로부터 국민과 생태계의 건강을 지키기 위하여 식품·동식물 수입에 대하여 규제조치를 하는 것도 중재 회부 대상입니다.

법무부가 2010년에 펴낸 〈알기 쉬운 국제투자분쟁 가이드〉와 〈알기 쉬운 정책유형별 투자분쟁 사례〉를 보면, 다음과 같은 정책들이 국제중재에 회부되었습니다.

□ 가스요금 인상 요청 거부
□ 공항 운영 계약의 일방적 해지
□ 금융기관 사유화 약속 위반
□ 환율 등 금융정책 변경
□ 환경보전을 위한 공장 설립허가 취소

□ 생태보전을 위한 토지수용
□ 자국 산업보호를 위한 세금 부과

지방자치와 조례

'학교급식조례'도 마찬가지입니다. 한국의 학교급식은 현재 개별 학교 차원에서 운영되고 있고, 서울시와 경기도를 비롯해 전국의 지방자치단체들이 급식 식품비를 지원하고 있습니다. 그러나 이런 경우에도 인건비, 시설비 등 급식에 들어가는 돈의 약 65퍼센트는 학부모 부담입니다. 그런데 한미FTA는 정부가 순전히 공공예산으로 학교급식을 제공하는 경우만 '정부조달'로 인정하고 국산 농산물 급식을 허용합니다. 완전 공영화가 덜 된 학교급식은 정부조달로서 인정하지 않습니다. 따라서 아직 완전 공영화가 덜 된 서울시와 경기도 등 지방자치단체의 학교급식에 대한 정부의 지원은, 이러한 특례 적용을 받지 못합니다. 즉 학교급식조례에서 그 지역 농산물을 급식에서 우선 사용하도록 규정하는 일은, 한미FTA 위반이 됩니다(2.2조).

게다가 만일 미국인이 한국의 농산물 유통업과 급식 시장에 진출하여 사업을 하면, 이제는 한미FTA 11장, '투자자' 보호 조항이 적용됩니다. 그리하여 이 미국인 투자자가 서울시와 경기도 등의 학교급식에 미국산 농산물·식품을 도입하는 일을 어렵게 만드는 모든 조치는 국제중재에 회부당합니다.

한미FTA는 지방자치에 대해서도, 뒤에서 살펴볼 '수용 보상' 의무와 '국제 관습법상 최소기준 대우' 의무를 부과하고 있습니다(11.12조). 그래서 투자자는 '지방자치'를 대상으로 하여 국제 중재에 회부할 수 있습니다. 가령 서초구청장이 '코스트코'에 일요일 휴업명령을 내리는 것도 국제중재 회부 대상입니다.

2. 사법주권 확립하기

투자자 국제중재 제소권을 폐지해서 투자자도 한국법을 지키게 해야 합니다. 그래야 국민의 대표자들이 만든 경제민주화 법률로써 국제금융자본을 규제할 수 있습니다.

아래 [표11]을 보십시오.

> [표11]
> 중재부는 이 협정과 적용 가능한 국제법에 따라 분쟁을 판정한다.
>
> (한미FTA 11.22조 1항)

한미FTA 위반으로 국제중재에 회부될 경우, 그 판정에는 한국법을 적용하지 않습니다. 이것이 이 협정의 본질입니다. 투자자에게 국제중재 제소 특권을 준 이유는, 한국의 국내법과 사법주권에서 투자자가 벗어나게 하려는 목적입니다.

　법치주의를 지향하는 한국 관공서와 법원에는 법령집이 있습니다. 공무원은 한국 헌법과 법령에 근거해서 업무를 처리합니다. 정부와 국회와 법원이 하는 공공업무의 정당성의 근간은 경제민주화에 관한 헌법([표12])에 있습니다.

[표12]

국가는 균형 있는 국민경제의 성장 및 안정과 적정한 소득의 분배를 유지하고, 시장의 지배와 경제력의 남용을 방지하며, 경제 주체 간의 조화를 통한 경제의 민주화를 위하여 경제에 관한 규제와 조정을 할 수 있다. 국가는 국민 모두의 생산 및 생활의 기반이 되는 국토의 효율적이고 균형 있는 이용·개발과 보전을 위하여 법률이 정하는 바에 의하여 그에 관한 필요한 제한과 의무를 과할 수 있다.

(대한민국 헌법 119조 2항, 122조)

　이 경제민주화 조항이 참 중요합니다. 국민건강보험을 예로 들겠습니다. 국민건강보험은 경제민주화에서 특히 중요합니다. 현재 한국의 모든 병원은 의무적으로 국민건강보험 병원으로 당연지정되어야 합니다. 지금까지는, 건강보험 '따위'가 아닌 자신의 지갑 혹은 민간보험으로 병원비 전액을 지불할 수 있는 사람들만을 위한, 고급 병원으로서 자신의 병원을 운영하겠다는 결정을, 한국의 그 어떤 병원도 할 수 없었습니다. 이것은 병원 사업자의 경영(자유)에 대한 심대한 제한이지만, 그러나 공중의 입장에서 보면 이것은 국민건강보험제도를 유지하는 기본적 토대입니다. 만일 건강보험증을 병원 계산대에서 받아야 한다는 이러한 의무가 없어진다면, 한국의 병원들은 건강보험증이 통용되는 병원과 그렇지 않은, 부자를 위한 병원으로 나뉘게 될 것입니다. 이 상황에서 헌법재판소는, 헌법([표12]) 에 의지하여, 의무적 국민건강보험 병원 지정제도가 정당하다 고 판결했습니다.[9]

당연지정제 폐지는 중산층 이상의 건강보험의 탈퇴 요구와 맞물려 자칫 건강보험 체계 전반이 흔들릴 위험이 있다.

우체국의 체신업무를 봅시다. 한국은 헌법([표12])을 근거로 그 어떠한 민간회사도 우편서비스를 제공할 수 없도록 규제합니다. 만일 우편서비스를 사유화할 경우 섬이나 벽지에 사는 국민은 우편서비스를 제대로 제공받지 못할 것이기 때문입니다. 이처럼 국가의 규제는 다수의 공익과 직접적으로 연결되며, 국민경제의 기반이 됩니다. 그리고 이러한 공공정책에 정당성을 부여하는 최종적 권위는 헌법에 있습니다. 공공정책이 정당한 것인가를 헌법이 최고 규범이 되어 최종적으로 판단합니다. 그러나 헌법은 국제중재에 적용되지 않습니다([표11]). 국제중재는 헌법을 기준으로 판단하지 않습니다. 헌법은 공공정책의 정당성을 최종적으로 판단하는 지위를 잃습니다. 바로 이것을 위해 투자자 국제중재 제소권을 만든 것입니다. 그래서 한국의 공공정책인데도 그 정당성을 한국 헌법에 따라 판단하지 못하게 합니다. 이를 제대로 아는 것이 한미FTA의 이해에서 매우 중요합니다.

땅바닥에 떨어진 헌법의 권위

그러나 한 국가의 공공정책에 대한 정당성을 판단할 때 그 국가의 헌법과 법률을 적용하지 못하도록 한 한미FTA는, 국제법 원칙에 어긋납니다. [표9]에 나왔던, 국제투자분쟁처리센터의 설립 조약을 볼까요? 거기에도, 따로 정하지 않는 한, 피소된 국가의 국내법이 국제법과 함께 적용되도록 되어있습니다.[10] '씨엠이(CME)' 사건의 중재부는 이것을, 국내법과 국제법 사이에 어떠한 적용의 우선순위가 있는 것이 아니며, 또 그 가운데 어느 하나만을 배타적으로 적용해도 된다는 것도 아니라는 뜻으로 해석하였습니다.[11]

국가가 공공정책의 정당성을 자신의 헌법과 국내법에 근거하여 주장하는 것은 국제법적 원칙입니다. 그러나 [표11] 조항은, 국제중재에서 한국 헌법을 원천적으로 배제하고 있습니다. 국제중재에서 국내법을 기준으로 판정하지 못하므로, 결국 한미FTA가 한국 헌법의 위에 있습니다.

2003년 '텍메드(Tecmed)' 사건은, 멕시코가 스페인 국적 회사 텍메드의 유해폐기물 매립장 가동 허가 갱신 신청을 거부한 것이 발단이 되었습니다. 이유는 텍메드사(社)가 애당초의 허가 조건을 위반하여, 매립장에 생물학적 전염병 폐기물을 반입했고, 매립장 구역을 벗어난 장소에 폐기물을 매립했을 뿐만 아니라, 애초 허가한 내용과는 달리 다른 매립장에서 처리할 유해물질까지 임시 보관하고 있었기 때문입니다.

텍메드 회사는 멕시코를 국제중재에 회부하였습니다. 허가 갱신이 거부됨으로 인하여 자신들이 매립장에 투자한 재산이 전혀 쓸모가 없게 되어, 재산권이 '간접수용'되었다는 주장이었습니다('간접수용'은 3부에서 설명합니다). 멕시코 정부는 폐기물 매립장 가동 허가 갱신 신청을 받아들일지의 여부는, 환경 보전 목적과 보건법에 따라 멕시코가 판단할 권한이라고 반박했습니다. 그러나 중재부는 투자자의 재산권이 '간접수용'당했다고 판정했습니다. 멕시코가 지불해야 할 보상금은 550만 달러였습니다.

이 사건에서 국제중재부는, 멕시코 정부가 허가를 갱신해주지 않은 것이 멕시코 국내법 기준으로는 적법하고 정당하더라도, 그것은 중재부의 주된 고려 사항이 아니라고 하였습니다.[12] 바로 이것이 국내법 배제입니다. 국제중재부는 한국의 공공정책의 정당성을 한국의 헌법과 법률에 따라 심판하지 않습니다. 그럴 권한이 아예 없습니다.

국제 관습법 최소기준 대우란

한미FTA는 거기에 더하여 투자자에게 국제 관습법에 따른 대우라는 국제법상 특권을 줍니다.

[표13]

각 당사국은 공정하고 공평한 대우와 충분한 보호 및 안전을 포함하여, 국제 관습법에 따른 대우를 적용대상 투자에 부여한다. 외국인의 대우에 대한 국제 관습법상 최소기준을 적용대상 투자에 부여하여야 할 대우의 최소기준으로 규정한다. 이 최소기준은 외국인의 경제적 권리와

> 이익을 보호하는 모든 국제 관습법상 원칙을 지칭한다.
>
> (한미FTA 11.5조, 부속서 11-A)

'국제 관습법에 따른 대우'란 과연 무엇을 의미할까요? 국제 관습법이란 정식 조약이 존재하지 않더라도, 혹은 조약 체결국이 아니더라도 국가에 대해 어떤 국제법적 구속력을 갖는 관습법을 의미합니다. 그리고 오늘날 국제 사회에서 통용되는 이러한 국제 관습법으로는, '포로에 관한 제네바 협정'이나 '민족 자결의 원칙', '기본적 인권 보호' 등이 있을 뿐입니다.

'재산권 대우'에 관한 국제 관습법은 아직 성립되어 있지 않습니다. 이는 '몬데브(Mondev International)' 사건에서도 지적되었습니다. 이 사건의 중재부는, 국제법에서의 개인의 권리는 아직 형성되고 있는 과정이므로 이에 관한 국제법 원칙을 한정하기가 어렵다고 했습니다.[13] 캐나다 우체국 같은 공공서비스의 독점과 관련된 '유피에스(UPS)' 사건에서도, 중재부는 독점 행위를 규제하거나 금지하는 데에 적용되는 국제 관습법은 존재하지 않는다고 판정했습니다.[14] 미국 버지니아주(州) 건설부가 주 고속도로 건설공사 입찰에서 미국산 강철 사용을 입찰 조건으로서 의무화하자, 캐나다 회사 '에이디에프(ADF)'는 국제법상 최소기준 대우 위반으로 미국을 국제중재에 회부하였습니다. 그러나 중재부는 이러한 대우가 국제법으로 실재하는 원칙인지는 오랜 논쟁거리라고 지적했습니다.[15]

이처럼 '최소기준 대우'라는 것이 과연 국제 관습법으로서 성립하는 것인지조차 현재의 국제법에서는 불확실합니다. 결국 한미FTA의 [표13] 조항은, 이미 국제적으로 성립하여 존재하는 규범을 확인하는 조문이 아니라, 그 존재 여부 자체가 불확실한 것을 조문을 통해서 규범화한 것으로 볼 수 있습니다. 그렇게 함으로써, 국제 관습법이라는 명목으로 한국의 공공정책을 심판할 수 있게 한 것입니다. 이것이 [표13]을 둔 목적입니다.

기준은, 투자자의 이익

재산권의 보호 정도에는 국제적으로 공통한 기준이 없습니다. 각 나라마다, 자국의 상황에 따라 그리고 자국의 헌법에 따라 다릅니다. 예를 들어서 한국 헌법은 경제민주화 조항([표12])을 두고 있지만, 미국 헌법에는 그런 조항이 없습니다. 다시 말하지만 개인 재산권에 대하여 국제 관습법상의 최소기준이라는 것이 존재한다는 주장 자체가 논란거리입니다. 국내의 한 연구도 개발도상국들이 국제법상 최소기준 개념에 거세게 반발했다는 점을 지적했습니다.[16]

최소기준이라는 개념 자체가, 해외에 투자한 미국인의 재산권이 현지 국가의 국내법에 구속되는 것을 무력화하기 위해 미국이 만들어낸 것입니다. 그러다 보니 이런저런 논란이 끊이질 않습니다. 이러한 혼돈상태이므로 하나의 사건에 대한 중재에서도 최소기준 대우에 대한 각각 다른 해석이 나오는 것입니다. '씨엠이' 사건에서 국제중재부는 체코 방송위원회의 행위가 방송에 투자한 투자자의 재산을 수용했다면서, 체코에 3억 5천만 달러를 보상하라고 판정했습니다. 그런데 실은 위 회사의 대주주인 '라우더(Lauder)'는, 앞서 2001년에 체코 방송위원회의 행위를 국제중재에 회부했다가 런던에서 패소 판정을 받았었습니다(라우더는 자신이 패소하자 회사를 내세워 소송을 다시 제기했던 것입니다). 이렇게 동일한 사건에 대해 서로 다른 판결이 나왔던 것입니다.

그렇다면 국제중재부는 과연 무엇을 기준으로 최소기준 대우에 대한 판정을 내릴까요? 그들은 이렇게 말합니다.

국가가 투자협정이나 자유무역협정을 체결한 동기는 개인의 재산권을 더 강하게 보호함으로써 투자를 촉진하는 데 있다. 그러므로 협정에서 정한 기준의 불확실성은 투자자의 이익을 위하는 방향으로 해결할 수밖에 없다. 투자자에게 호의적으로 행동하라는 것이 기준이다.[17]

2002년 '제닌(Genin)' 사건의 중재부는 그 기준을 이렇게 판정했습니다.

이 기준의 정확한 내용은 분명하지 않지만, 우리 중재부가 이해하기로는, 국내법과는 분리된 국제법상의 최소기준 대우를 하라는 것이 이 기준이다.[18]

공정 · 공평한 대우?

[표13]은 국제 관습법의 하나로서, 투자자의 재산에 대한 '공정하고 공평한 대우'를 먼저 꼽고 있습니다. 그러나 이것도 국제법적으로 성립되어 있지 않은 내용입니다.

'포프앤탈보트(Pope and Talbot)' 사건에서, 캐나다 정부는 1999년, 이 회사에 대해 벌인 실사 절차에서 이 공정·공평 대우 기준을 위반하였다는 단 하나의 이유로 회사에 보상하라는 판결을 받았습니다. 발단은 회사가 정부에 제출한 1994년과 1995년의 생산 실적 자료에서, 판매량이 생산량보다 더 많은 논리적 모순이 발견되었고, 따라서 캐나다는 회사에 대해 실사 검증을 벌이기로 결정한 것이었습니다.

국제중재부가 캐나다의 공정·공평 대우 위반이라고 지적한 사항은 다음과 같습니다.[19]

□ 캐나다가 막대한 분량의 서류들에 대한 검증을 서류가 원래 있던 장소에서 하지 않은 점

□ 실사 검증의 절차를 협력적 규제방식이 아니라 마치 전투를 하듯이 진행한 점

□ 회사의 요청에도 불구하고, 회사에게 검증 절차 정보를 제공하지 않은 점

□ 회사에 불필요한 혼란을 조성하고 추가 비용을 지출하게 한 점

□ 회사의 대정부 관계에서 평판을 저하시킨 점

□ 자료 제출이 불성실할 경우 목재 수출량 배정에서 불이익을

입을 수 있다는 경고를 하는 등의 위협이 조성된 점

　'씨엠이' 사건에서 국제중재부는, 체코 방송위원회가 국제관습법상 최소기준 이하로 투자자를 대우해서는 안되는 국제법 기준을 위반하였다고 판정했습니다. 중재부는 체코 방송위원회가 방송 허가권의 독점적 사용과 관련하여 위원회의 개입으로 인해 투자자에게 야기된 법적 불안정성을 명료하게 정리해주어야 할 최소한의 조치를 취하지 않았으며, 투자자 재산권 보호를 의도적으로 손상했으며, 비합리적으로 행동했다고 지적했습니다.[20]

　'메탈클래드(Methalclad)' 사건에서는 멕시코가 투자자의 경제활동과 관련된 법규에 대한 정보를 투명하게 제공하지 않았다는 것이 공정·공평 대우 조항을 위반한 것으로 판정됐습니다. 외국인 투자자가 어떤 오해나 혼동 상태에 있는 것을 국가가 알고 있는 경우에는, 국가는 그 상황에 적용될 정확한 법규에 대한 입장을 결정해서 이를 투자자에게 명료하게 밝힘으로써, 투자자가 자신의 투자가 모든 관련법에 따라 적법하게 진행되고 있다는 믿음을 가지고 적절한 속도로 사업을 할 수 있게 해주어야 하는 것이 공정·공평 대우의 한 내용이라는 것입니다.[21]

　'아주리' 사건에서 중재부는 공정·공평 대우는 국가나 지방정부가 투자자를 악의로 대해서는 안된다는 소극적인 의무가 아니라, 투자자의 성공을 촉진할 적극적 의무라고 해석했습니다.

3. 투자자에게만 주어진 특권

2012년, 한국의 법원은 매우 중요한 재판을 했습니다. 한국 법원은 한미FTA의 권리·의무의 주체가 되는 대상은 한국과 미국 정부이지, 개인이나 기업에게는 적용되지 않는다고 보고, 따라서 개인/기업은 국내 재판 절차에서 한미FTA의 조항을 직접 원용할 수 없다고 했습니다. 무슨 말이냐면, 개인/기업은 한국 법원의 재판장 앞에 한미FTA의 조항을 근거로 제시할 수 없다는 뜻입니다. 그러면서 법원은, 한미FTA가 투자자에게 투자 분쟁에서 국제중재 청구를 통하여 국가로부터 손실을 보상받을 수 있는 직접적인 권리를 예외적으로 부여하고 있다고 했습니다.[23]

노동자나 환경 피해자, 인권 피해자 그 누구도 한국 법원에서 국내법이 아닌 국제노동조약이나 유엔인권조약 위반을 직접 주장할 수는 없습니다. 그런데 유독 기업가만 한미FTA 위반을 주장할 수 있는 것입니다. 근로자와 시민은 한국법에 따르고 한국 법원의 권위에 최종적으로 복종하는데, 투자자에게만 국제중재 제소라는 특권을 주는 것은 평등하지 않습니다. 이것은 법적 정당성이 없습니다.

투자자는 한국이라는 영역에 들어와 그 안에서 경제활동을 합니다. 따라서 한국법을 지킬 의무가 있고, 국가가 국내법에 따라 규제를 할 경우 이에 따라야 합니다. 만일 부당한 대우를 받았다면 한국 법원에 제소해서 판결을 받아 해결하면 됩니다. 그러나 한미FTA는 한국인에게는 없는 국제중재권을 투자자에게만 특권적으로 줍니다. 한국인들은 한국 법원의 판결에 최종적으로 따라야 하는 반면, 투자자는 심지어 한국 법원의 판결까지도 국제중재에 회부할 수 있습니다. 한국인은 한국 대법원의 최종적 판결에 대하여 재심을 받을 기회가 사실상 없습니다. 그러나 투자자에게는 사실상 재심이 보장되어 있는 것입니다.

'내국민 대우'의 실효적 의미

한미FTA는 노동자에게는 이민의 자유와 취업의 자유는 주지 않으면서 기업가에게는 다른 나라에 진입할 특권을 줍니다. 이를 폐지해야 합니다. 아래 [표14]의 내용을 개정해서, 한국법에 따라 투자자의 진입을 규제할 수 있어야 합니다.

[표14]
각 당사국은 동종 상황에서의 투자의 설립·인수·확장·관리·경영·가

흔히 '내국민 대우' 조항이라고 부르는 이 조항은, 한국 정부가 그 의미를 충분히 알지 못하고 있는 대표적인 조항입니다. 이 조항을 우습게 보지 마십시오. 그저 미국인을 한국인보다 불리하지 않게만 대우하면 되는, 그런 것이 아니기 때문입니다.

외국인과 내국인에 대한 대우와 관련된 국제중재 판례는, 같은 상황에서, 외국인 투자자와 내국민 사이에 어떤 차이가 존재하고, 이 차이가 외국인 투자자의 국적으로 인한 것일 경우, 내국민 대우 조항을 위반했다고 판단합니다.

2002년 '펠드만(Feldman)' 사건에서 국제중재부는, 법률적으로 명백한 내·외국민 차별에 대해서만 내국민 대우 위반이라고 판단하는 것은, 이 조항의 효과를 크게 떨어뜨리는 것이라고 했습니다. 그리고 더 나아가, 투자자는 외국인과 내국민 사이에 존재하는 차이가 투자자의 국적으로 인한 결과라는 점을 입증하는 것을 감내할 수 없으므로, 투자자에게 이를 요구해서는 안된다고 했습니다.[24] 따라서 결국 어떤 상황이 앞의 세 요건 중 앞의 두 가지 요건만 충족해도 한국 정부는 내국민 대우를 위반했다는 혐의를 받습니다.

2000년의 '마이어스(Myers)' 사건은 내국민 대우의 성격을 잘 보여 줍니다. 이 사건은 캐나다가 국제환경법에 따라 환경호르몬 함유 폐기물의 해외 반출을 금지시킨 것이 발단이 됐습니다. 이 조치는 국적과는 관계없이 누구에게나 공통적으로 적용되는 것이었습니다. 그런데도 캐나다 정부는 패소했습니다. 당시 캐나다에는 이 폐기물을 국내에 매립하는 캐나다 회사가 한 곳 있었고, 미국 회사인 마이어스는 캐나다에서 이 폐기물을 미국으로 반출하는 사업을 추진했습니다. 이 사건의 국제중재부는 캐나다 정부의 법령으로 인해 발생한 실제 효과를 놓고 볼 때, 캐나다 회사와 마이어스 사이에 균형이 맞지 않는다면서 캐나다 정부는 내국민 대우를 위반했으니 605만 캐나다달러를 보상하라고 판정했습니다.

그런데 [표14]에 명시되어 있듯이, 이 조항은 투자의 설립(진입) 단계에서부터 내국민 대우를 규정합니다. 진입단계에서 투자자에게 내국민 대우를 한다는 것은, 곧 투자자에게 '진입권'을 부여한다는 뜻입니다.[25] 이 의미와 효력을 제대로 알려면 중국의 석유공사가 2005년에 미국 석유업체 '유노칼'을 인수하려다 좌절한 사건을 살필 필요가 있습니다. 내국민 대우에 의하면, 유노칼을 인수하는 데에 중국인이라고 해서 미국인보다 불리하게 대우해서는 안됩니다. 그러나 미국은 자국의 석유회사를 중국인이 지배하는 것을 원하지 않았습니다. 미국 의회는 이 인수를 좌절시키기에 충분한 조건을 담은 결의안까지 통과시켰고, 결국 유노칼은 미국 회사에 매각되었습니다. 바로 이러한 지점이 투자 진입단계에서 적용되는 내국민 대우 조항의 영역입니다. [표14] 조항은 이런 장벽 없이 투자자에게 한국에로의 진입권을 부여하는 조항입니다. 미국이 '유노칼' 사건에서 그랬던 것처럼 외국인이라는 이유로 투자 진입을 제한하는 것은 이제 거의 불가능합니다. 그 결과, 투자자는 원칙적으로 투자 진입권을 가집니다.

한미FTA 〈부속서 II〉는 한국이 외국인 투자자의 진입을 규제하려면, '공공질서 유지'를 위해서 필요한 경우에 한해, 다음의 다섯 가지 요건을 갖춰야 한다고 규정했습니다. [표15]는 그 다섯 가지 요건을 담았습니다.

[표15]

□ 법정 절차 요건을 갖출 것

□ 그 투자가 사회의 근본적 이익에 대하여 진정하고 충분히 심각한 위협을 가져오는 경우일 것

□ 자의적이거나 정당화될 수 없는 그런 방식이 아닐 것

□ 투자에 대한 위장된 제한이 아닐 것

□ 달성하고자 하는 목적과 비례할 것

(한미FTA 부속서 II, 1면)

[표15]에 나온 '사회의 근본적 이익'은 불확실한 개념입니다. 그에 대한 '진정하고 충분히 심각한 위협'이라는 것도 한국 법체계에는 낯선, 영미법식 사고의 산물입니다. 게다가 한국의 그 어떤 공무원도, 대통령도, 법관도, 헌법재판관도 그 내용을 권위 있게 밝힐 수 없습니다. 한국 정부가 공공질서 유지를 위해 투자자의 투자 진입을 규제할 경우, 투자자는 한국을 내국민 대우 위반으로 국제중재에 회부할 것입니다. '사회의 근본적 이익'이 무엇인지, 그에 대한 '진정하고 충분히 심각한 위

협'은 무엇인지는, 그때 국제중재부에서 판정하는 것입니다.

그래도 용기를 내어 [표15]의 요건들을 다 충족시키는 방법으로 투자자 진입을 제한해보시렵니까? 만약 그렇다면 한미 FTA에 특별히 탑재된 별도의 중재 장치에까지 대비하고 각오를 해야 합니다. 〈부속서 II〉에는 특별한 국제중재 심리 절차가 있습니다. 일반적인 국제중재 절차에서는, 중재에 회부한 투자자가 국가가 협정을 위반했다는 사실을 입증해야 합니다. 그러나 투자 진입 규제와 관련된 국제중재에서는 그 반대입니다. 투자자가 아니라 오히려 국가가 자신이 흠이 없다는 것을 입증해야 합니다. [표15]의 다섯 가지 요건을 모두 충족했다는 사실을 중재부가 '만족하도록' 입증할 책임은, 바로 한국에 있다는 말입니다. 과장된 해석이 아닙니다. 〈부속서 II〉의 해당 구절을 그대로 옮겼을 뿐입니다.

[표16]

대한민국이 그 조치가 위 다섯 가지의 모든 조건을 충족하였음을 중재부가 만족하도록 입증한 경우, 청구인에게 유리한 판정이 내려질 수 없다.

(한미FTA 부속서 II, 2면)

이런데도 국민의 보건위생이나 환경보전을 이유로 투자자의 진입을 규제하려고 시도하시겠습니까? 한국 공무원 여러분은 이제 외국인의 투자 진입 민원을 처리할 때에는 한국법 따위는 쳐다보지 마십시오. 〈부속서 I〉을 찾아본 후, 거기에 들어가 있지 않은 나머지 모든 업종과 관련된 민원에 대해서는 투자자가 원하는 대로 해주십시오.

2001년, 어느 지방자치단체가 주변 재래시장 상인과의 관계 때문에 대형할인점 영업 허가를 지연하여 국내 대기업에 상당한 금전적 피해를 끼친 사건이 있었습니다. 그런데 국내의 한 연구에 의하면, 만일 그것이 (외국인) 투자자가 대형할인점 허가를 신청한 경우였다면, '내국민 대우' 위반에 해당하여 투자자가 한국을 국제중재에 회부해서 '충분히 승소할 수 있는 사건'이라고 보고 있습니다.[26] 그러니 한국 공무원 여러분은 만일 미국인이 대형할인매장 사업에 진출하려 한다면, 다만 환영하십시오. 공연히 재래시장 중소상인들을 돕겠다며 미국인 투자자의 영업을 규제하려고 나서지 마십시오.

한미FTA가 투자 진입단계에서부터 투자자에게 내국민 대우를 부여한 것은, 명백히 투자자에게 특권을 준 것입니다. 인도와 싱가포르가 2005년 자유무역협정을 체결하면서 진입단계의 투자는 보호하지 않는다는 규정을 둔 것도 바로 이 때문입니다. 일본과 말레이시아가 2006년 경제연대협정을 체결하면서 10퍼센트 미만의 지분을 보유한 외국인 투자자에게는 내국민 대우를 하지 않기로 한 것이나, 투자자가 내국민 대우를 위반했다는 이유로 국가를 국제중재에 회부하지 못하도록 한 것도 이 때문입니다.[27]

4. 투자위험은 투자자가 지게 하기

본디 모든 계약에는 불이행의 위험이 따릅니다. 투자에는 실패의 위험이 있습니다. 이런 위험은 투자자가 져야 할 몫입니다. 그런데 한미FTA는 그 위험을 국가에 전가합니다. (개인)투자자가 감당해야 할 위험을, 국민이 세금을 내어 떠안도록 합니다.

계약상의 권리

한미FTA에서 특별히 주목해야 할 '투자' 개념은 다음 '계약상의 권리'입니다.

[표17]

이 협정의 목적상 수용 보상의 대상이 되는 투자로서의, 유형 또는 무형의 재산권에는 계약상의 권리가 포함된다.

(한미FTA 11장의 부속서한)

이 '계약상의 권리'는 그 범위를 한정하기 어려운 포괄적인 개념입니다. 최근의 한 국제중재 판정은, 계약이 투자에 해당하는지를 판단할 세 가지 기준을 제시했습니다.[28] 이에 의하면, ①계약의 내용이 계약자가 금융, 물질 혹은 서비스 제공 등 무엇인가 경제적 가치가 있는 것을 제공하는 것이고, ②그 제공이 적정한 시간 동안 유지되고, ③그 계약에 투자의 특질인 위험성이 수반되는 것이라면, 그 계약은 투자에 해당합니다. 그런데 이 판정 기준에 의하면, 투자자가 자신의 사업을 위하여 한국인 또는 한국 정부와 체결하는 광범위한 종류·영역의 계약이 모두 투자에 해당합니다.

'계약상의 권리'가 '투자' 개념으로서 명백하게 인정됨으로써, 투자자는 계약 불이행의 위험을 국가에 전가시킬 수 있습니다. 곧 원래 사(私)경제 차원의 일로서, 국내 법원에서 해결할 일을 국제화하는 것이 가능해진 것입니다. 사적 거래 문제에 국가를 끌어들이고, 투자자 자신이 감수해야 할 사적인 위험부담을 국가에 떠넘기는 것입니다.

공공서비스 민영화 계약

미국인 투자자는 사적 계약에서 발생한 분쟁에 대해서도, 국가(한국)의 단순한 계약 불이행에 대해서도 한국을 국제중재에 회부할 수 있습니다.

2004년 '씨에스오비(CSOB)'은행 사건에서, 국제중재부는 이 체코 은행에게 슬로바키아 정부가 8억 달러를 보상해야 한다고 판정했습니다. 이 사건도 기본적으로 계약상의 분쟁이었습니다. 체코와 슬로바키아가 분리되면서 옛 체코슬로바키아 은행의 처리가 쟁점이 되었는데, 체코와 슬로바키아는 이제는 체코 국적 기업이 된 이 은행의 사유화를 승인했습니다. 두 나라는 이 은행이 양국에서 계속해서 영업을 할 수 있도록, 은행의 부실채권을 인수할 추심 회사를 두 국가에 두기로 했습니다. 그리고 이를 위해 이 은행은 슬로바키아와 별도의 계약을 체결했는데, 그 내용은, 은행이 슬로바키아에 설립된 부실채권 인수 회사에 자금을 대출하되, 이 대출의 상환을 슬로바키아 정부가 보증하기로 약정했습니다. 그러나 슬로바키아 정부는 이 계약을 이행하지 못했고, 씨에스오비 은행은 슬로바키아 정부를 국제중재에 회부했습니다.

슬로바키아는, 이 사건에서의 자금 대출은 두 나라가 분리되면서 이 은행의 구조변경을 추진하는 과정에서의 특수한 거래일 뿐이며, 따라서 ‘투자’ 개념에 해당하지 않는다고 항변했습니다. 그러나 국제중재부는, 이 은행의 대출과 상환 청구권은 은행이 슬로바키아에서 경제활동을 하는 것과 밀접한 관련이 있으므로, ‘투자’에 해당한다고 판정했습니다.[29]

민사계약 분쟁 책임도 국가에

투자자가 국가가 아닌 개인과 체결한 민사 계약상의 권리도 한미FTA에서 ‘투자’에 해당합니다. 여기서는 특히 합작투자계약과 주식양수계약을 주목할 필요가 있습니다. 투자자는 합작

투자계약이나 주식양수계약을 체결함으로써, 회사의 경영권을 갖거나 회사에서 지속적인 이해관계를 보유하려고 시도할 수 있습니다. 그런데 정부의 행동 혹은 부작위로 인하여 그 계약이 제대로 이행되지 못할 수 있습니다. 이럴 경우에 투자자는 사적인 계약 불이행에 대해서도 국가와의 연관성을 주장하면서 책임을 국가에 전가할 수 있습니다. 그래서 '씨엠이' 사건에서도 투자자가 체코의 민간 방송에 진출하기 위하여 체코인과 체결했던 사적인 합작투자계약이 이행되지 못한 책임을 체코 정부가 져야 했던 것입니다.

한미FTA는 '기타의 유·무형의 자산'이라는 포괄적인 말을 사용하여 투자를 이미 충분히 광범위하게 인정하고 있습니다.* 그런데 또 명시적으로 '계약상의 권리'를 투자로 인정함으로써, 투자자 스스로 책임져야 할 사업손실을 국가에 떠넘길 수 있는 수단을 투자자에게 제공하였습니다. 이제 투자자는 사업을 하면서 계약 분쟁이 생겼을 경우, 국가를 끌어들여 국제중재로 가져감으로써 분쟁을 국제화할 수 있습니다. '투자'의 개념을 넓게 잡으면 잡을수록 더 많은 분쟁이 국제화될 수 있고, 국내 법정을 떠나게 됩니다. 그리고 투자자는 자신의 사업에 존재하는 여러 위험을 더 많이 국가에 전가할 수 있게 됩니다.

---

* 한미FTA는 매우 광범위한 범위를 '투자'로 인정합니다. 투자 정의(定義) 조항(11.28조)에 규정된바, 회사, 회사의 지분, 회사채, 허가권, 지적재산권, 금전 청구권과 그 밖의 모든 유·무형의 자산, 동산·부동산이 투자에 해당합니다. 이것은 그 둘레를 한정하기 어려울 만큼 매우 광범위한 개념입니다.

역전된 국가 - 투자자 관계

한미FTA에서는 승인·인가·허가·면허·특허와 같이, 국가가 투자자의 신청을 받아 투자자에게 부여·설정해주는 공법적 권리도 '투자'에 해당합니다. 지금까지는 국가는 투자자에게 이러한 공적 권리를 설정해주되, 일정한 조건을 달아서 그 투자를 감독하고, 투자가 애초의 계획대로 진행되는지 살폈습니다. 그러나 공적인 권리도 이 협정의 투자 개념으로서 포함된 이상, 이제 국가와 투자자의 관계는 달라집니다.

1984년 '앰코(Amco)' 사건에서, 이 미국 회사는 인도네시아를 국제중재에 회부하여 300만 달러 보상 판정을 받아냈습니다. 인도네시아 정부가 앰코에 관광호텔 건설 및 운영을 인가하였다가, 이 회사가 처음 투자 진출 시 인도네시아에게 약속했던 자본투자를 이행하지 않자 그 인가권을 취소한 결과였습니다. 2000년에 중재 판정이 난 '메탈클래드' 사건은, 이 회사가 유독성 폐기물 매립장 건설 허가를 멕시코의 한 회사로부터 양수받아 가지고 있었는데, 지방정부가 매립장 가동 신청을 허가하지 않았기 때문이었는데, 멕시코는 1,600만 달러를 보상하라는 판정을 받았습니다. 2003년 '텍메드' 사건에서 멕시코는 유해폐기물 매립장 가동 허가 갱신을 거부한 것 때문에 550만 달러를 보상해야 했습니다. 2002년 '제닌' 사건은 은행업 허가를 취소한 것이 중재에 회부된 사건입니다.

5. 한미FTA와 공정한 국제질서

투자자의 국제중재 제소 특권을 폐지해야 공정한 국제 질서를 만들 수 있습니다. 투자자에게 국제중재 제소의 특권을 주는 것은 국제무역의 관례가 아닙니다. 개방과도 관계가 없습니다. 세계무역기구에서도 허용하지 않는 일입니다.

베트남, 러시아도 세계무역기구 회원국으로 가입할 만큼, 오늘날 세계 각 나라는 서로 긴밀하고 개방된 경제 관계를 이루고 있습니다. 북한도 장차 이 기구에 가입할 것입니다. 세계의 여러 나라들이 저마다 자신의 정책주권을 유지하면서도 개방된 세계 질서를 추구하는 모습(방법)은 매우 다양합니다.

첫째는 투자자에게 국제중재 제소 특권을 아예 주지 않는 방식입니다. 투자자는 국민경제 안에서 사업을 하여 수익을 얻습니다. 그러므로 그 안에서 내국인과 동일하게 국내 법령을 지

키며 같은 조건에서 경쟁하며 사업을 해야 마땅합니다. 국내법
이 바뀌면 내국인과 (외국인) 투자자가 그 영향을 똑같이 받아
야 합니다. 그리고 국가의 정책 변경에 대하여 그것을 다툴 수
있는 절차도 같아야 합니다. 한국 땅에서 사업을 한다면 한국
기업이나 미국 기업이나 똑같이 한국 법정에서 자신들의 권리
를 주장하고 구제받는 것이 타당합니다. 미국 기업에게만 국제
중재권을 부여하는 것은 불공평합니다.

더구나 자유무역협정을 체결한 당사자도 아닌 '투자자 개
인'이 협정의 이행을 요구하며 국가를 국제중재에 회부한다는
것은 국제법 원리에도 맞지 않습니다. 게다가 자유무역협정은
투자자 개인에게는 어떠한 의무도 요구하지 않습니다. 자유무
역협정은 국가와 국가 사이의 약속이므로, 투자자 개인에게는
아무런 요구를 하지 않습니다. 그렇다면 투자자 개인 역시 국
가에게 어떤 요구도 할 수 없는 게 합당할 것입니다. 이 원칙은
유엔과 국제사법재판소가 수용한 국제법상 원칙입니다. 유엔
총회가 1974년에 채택한 '국가의 경제분야 권리·의무에 대한
헌장'은 이 원칙을 밝히고 있습니다.

[표18]
투자자 재산의 수용을 둘러싸고 분쟁이 생길 경우, 모든 관련 당사국들
이 국가 주권 평등에 입각해서 자유의사에 따라 달리 상호 합의하지
않는 한, 재산을 수용한 국가의 국내법과 법정에서 그 분쟁이 처리되지
않으면 안된다.

(국가의 경제분야 권리·의무에 대한 헌장 2(2)(c)조)

한국 대법원도 이러한 국제법 원리에 대해서 같은 견해입니다. 대법원은, 자유무역협정과 같은 국제통상 조약인 세계무역기구협정에 대해, 이 협정은 국가와 국가 사이의 권리·의무관계를 설정하는 국제 협정으로서 그 내용 및 성질에 비추어 이와 관련한 법적 분쟁은 위 세계무역기구 분쟁해결기구에서 해결하는 것이 원칙이고, 개인이나 기업에게는 위 협정의 직접 효력이 미치지 않는다고 판결했습니다.[30]

이 방식에서는 투자자의 국제중재 회부라는 개념 자체가 존재하지 않습니다. 유럽연합과 멕시코가 2000년에 체결한 자유무역협정, 미국과 호주가 2004년에 체결한 자유무역협정, 중국과 아세안이 2004년에 체결한 포괄적 경제연합 골격 협정의 분쟁처리 협정 등이 여기에 속합니다. 한국과 유럽연합과의 자유무역협정도 이 유형에 속합니다. 세계무역기구협정도 국가를 국제중재에 회부할 수 있는 권리를 개인에게 주지 않습니다. 그리고 이는 한국이 2003년 8월에 칸쿤에서 열린 세계무역기구 각료회의에서 지지한 방안이기도 합니다. 당시 한국은 투자자 보호 조항을 세계무역기구의 다자협정에 포함시키되, 투자자 개인에게는 중재 회부권을 부여하지 말자고 제안했습니다.

둘째 방식은, 투자자에게 공공정책에 대하여 먼저 국내 법원에서 권리 구제 절차를 거치도록 하고, 이 권리 구제 과정에서 정의에 반하는 불공정한 대우를 받은 경우에만 투자자 개인에게 투자자 국제중재 제소권을 주되, 국제중재에서도 국내법이 국제법과 함께 적용되도록 합니다.

이 유형은 아르헨티나의 법학자이며 외교관인 카를로스 칼보의 이름에서 유래한 '칼보 원칙'이라고 하는 국제법 법리를 그 배경으로 합니다. 한마디로 국제 투자 분쟁의 법정 관할권은 투자자가 경제활동을 하고 있는 현지국이 가지는 것이지, 투자자의 모국에 있지 않다는 것입니다. 그리고 투자자의 권리 구제에서는 '국내 구제 절차 소진'의 원칙이 확립됩니다. 즉 투자자는 국가를 국제중재에 회부하기 위해서는, 현지 국가 안에서 이용할 수 있는 권리 구제 절차를 먼저 거쳐야 하고, 그 권리 구제 절차가 정의에 반하지 않는 한 그 결과를 수용해야 한다는 뜻입니다.

헤이그에 있는 국제사법재판소는 국내 구제 절차 소진의 원칙이 국제법의 기본 원칙임을 밝혔습니다. 또한 이 원칙을 적용하지 않기로 하는 조항을 협정문에 따로 두지 않는 한, 이 원칙은 배제될 수 없다고 판결하였습니다.[31]

세 번째 방법은, 공공정책 전반에 있어서 국가가 개별 사건에 대하여 별도로 동의를 한 경우에만 예외적으로 투자자가 자유무역협정 위반을 이유로 국가를 국제중재에 회부할 수 있도록 합니다(국제법상 국가가 각 사건에 대하여 국제중재에 동의하지 않으면, 국제투자분쟁처리센터의 관할권 자체가 발생하지 않는다고 하는 관계는 앞에서 살폈습니다). 이 방식에서는 국가가 동의하지 않은 일체의 분쟁은 국내 법원에서 해결해야 합니다. 그리고 만일 국가가 동의하여 국제중재로 가더라도, 역시 국내법이 함께 적용되도록 합니다.[32] 앞에서 보았듯, 국제투자분쟁처리센터의 설립 조약과 일치하는 방식입니다.

1993년에 체결된 캐나다와 아르헨티나의 투자협정은 이러한 구조를 표현했습니다. 이 협정은, 투자자 분쟁은 투자가 진행된 국가의 국내 법정에서 해결되어야 하며, 국가가 동의할 경우에만 투자자가 국가를 국제중재에 회부할 수 있다고 했습니다.[33] 뉴질랜드와 태국이 2004년에 체결한 경제연대협정도, 투자자와 국가 간에 분쟁이 생겼을 때 국가는 투자자의 국제중재 회부에 동의할 수 있다는 조항을 두었습니다.

불공정 무역협정

그런데 한미FTA는 어떻습니까? 투자자의 중재 회부에 국가가 미리 '포괄적으로 동의'해줄 뿐만 아니라, 중재에서 국내법 적용을 '명시적으로 배제'합니다. 그리고 중재 판정 불이행에 대하여 상대국의 '무역보복을 합법화'하는 방식입니다.

이 유형이 세계사에 처음으로 출현한 것은, 미국이 1994년에 멕시코와 체결한 나프타입니다. 미국은 멕시코에 투자한 미국인들이 멕시코 헌법과 멕시코 법정에 구속되는 것을 원치 않았습니다. 그래서 고안해낸 이 방식을 미국인들은 '나프타의 대단한 발명품'이라고 부릅니다.[34] 국가의 규제가 근거하고 있는 국내법이, 국가 규제의 정당성을 심판하는 국제중재에서 국제법과 함께 적용되도록 한 것(중국-핀란드 투자자보호협정, 한국-싱가포르FTA, 한국-북유럽연합FTA, 일본-싱가포르FTA, 일본-말레이시아FTA, 싱가포르-호주FTA 등에서는 국재중재 판정에 국내법을 적용함)과도 다릅니다.

공익을 가장 크게 해치는 방식

한미FTA는 전기, 상하수도, 통신, 도로, 교통과 같은 공공서비스 분야에 진출한 투자자를 위하여, 심지어 국가가 이 협정의 의무사항을 위반하지 않았더라도 투자자가 국가를 국제중재에 회부할 수 있게 하였습니다. '투자계약'이라는 별도의 장치가 그것입니다. 한미FTA는 투자계약을 독립적 범주로서 법제화했습니다. 반면 나프타, 미국-호주FTA에서는 투자계약이라는 개념을 세우지조차 못했습니다.

무슨 말이냐 하면, 국가가 투자자와 체결한 사유화(민영화) 계약의 내용을 이행하지 않을 경우, 계약 위반으로 투자자가 국가를 국제중재에 회부하도록 하였습니다(11.16조 1항). 국가는 투자자와 체결한 계약을 이행하지 않았다는 이유로, 바로 국제중재에 회부되는 것입니다. 강조합니다. '투자계약'에서는 국가가 국제중재에 회부되는 데에, '조약상의 의무 위반'이라는 사유가 더이상 필요하지 않습니다. 단지 투자자 개인과의 계약을 지키지 않았다는 이유로 국가는 국제중재에 회부됩니다.

이로써 공공서비스에 있어서 국가의 규제권은 심각하게 제약을 받습니다. 애초에 예상하지 못했던 사유화로 인한 피해나 새로운 사회경제적 상황이 발생해도, 국가는 사유화 사업의 내용을 규제하지 못하게 됩니다. 더욱이 사유화 계약서에, "투자 시의 조건을 보장한다"는 조항('안정화 조항'이라고 합니다)이라도 있다면, 이 분야의 공공서비스에 대한 국가규제는 사실상 불가능합니다. 이런 상황에서는 투자자 동의 없이 사유화했던 사업을 다시 공영으로 되돌리는 일은 상상조차 하기 어렵습니다.

한미FTA는 공정하지 않습니다. 공익을 가장 크게 해치는 방법입니다. 그러니 한국이 여기에 따를 이유가 없습니다. 폐지해야 합니다.

무역보복이 정당화

게다가 투자자의 국제중재 제소 특권은 불공정한 무역보복으로 이어집니다.

[표19]

국가가 국제중재 판정 결과를 준수하지 않을 경우, 세 사람으로 별도의 판정단을 구성하여 판정 미준수를 확인하도록 한다. 미준수가 확인되면 국가에 대하여 무역보복을 할 수 있으며, 이를 막으려면 국가는 현금을 상대국에 지불해야 한다.

(한미FTA 11.26조 9항, 22.13조)

무슨 뜻일까요? 한국 정부가 국제중재에서 져서, 미국인 투자자에게 보상금을 지급하라는 판정을 받았음에도 불구하고 이를 지키지 않으면, 미국 정부는 한국산 자동차나 휴대전화기 등에 대하여 보복관세를 부과할 수 있다는 뜻입니다. 이를 이 협정에서는 '혜택의 정지'라고 부릅니다. 이러한 무역보복을 피하려면 투자자에게 보상금을 지불하라는 것입니다.

[표19] 조항의 효과를, 아르헨티나에 대한 국제중재 판정을 예로 들어서 좀더 설명하겠습니다. 아르헨티나는 2001년과 2002년의 외환위기에서 벗어나고자, 달러 송금과 환전 등을 제한하는 비상조치를 내렸습니다. 의회가 제정한 〈2002년 비상법〉에 따른 적법한 조치였습니다. 그러나 미국과 유럽 투자자들은 이것을 투자협정 위반이라고 주장하며 아르헨티나를 국제중재에 회부했습니다. 그 건수가 약 40여 건입니다. 국제중재가 진행되어 2005년부터 판정이 나왔습니다. 아르헨티나는 미국 기업 '씨엠에스'에 1억 5천만 달러를 보상하라는 판정을 시작으로, 미국 기업 '아주리'에 1억 6천만 달러, 독일 기업 '지멘스(Siemens)'에 2억 800만 달러를 보상하라는 판정을 속속 받고 있습니다. 2007년 5월에는 미국 기업 '엔론'에 1억 600만 달러를 보상하라는 중재 판정이 나왔습니다.

한편 아르헨티나는 이들 중재 판정의 이행을 거부했습니다. 이처럼, 본디 국제중재 판정은 국가의 자발적인 이행이 따르지 않으면 휴지 조각에 지나지 않는 것입니다. 그러나 만일 아르헨티나에 대한 국제중재의 근거가 된 협정이 '투자협정'이 아니라 [표19]와 같은 무역보복 조항이 들어있는 자유무역협정이었다면, 아르헨티나는 국제중재 판정의 이행을 거부하지 못했을 것입니다.

그런 연유로, 지금의 세계 무역을 규율하는 세계무역기구는

'투자자 국제중재권'을 선택하지 않기로 결정했습니다. 미래의 새로운 무역 규범을 만들고 있는 세계무역기구 '도하라운드 (DDA)'에서도 이 제도를 수용하지 않기로 공식 결정했습니다. 대한민국 정부도 2003년, 이 제도를 세계무역기구에 포함해서는 안된다는 공식 의견서를 제출했습니다.

[표19] 같은 조항이 들어간 자유무역협정이 세계사에 처음 출현한 때는 1994년입니다. 미국이 멕시코와 체결한 나프타에서입니다. 그 전에는 그 어느 나라도 자국민 투자자를 다른 나라가 제대로 대우하지 않았다는 이유로 무역보복을 가할 합법적 권한을 갖고 있지는 않았습니다.

강조하지만, 현재의 보편적 국제법도 그러합니다. 세계 157개 나라가 회원국인 세계무역기구의 규칙도 그렇습니다. 세계무역기구는 [표20] 조항을 두어서, 세계무역기구 규정에서 정하고 있지 않은 방식으로 무역보복을 하는 것을 금지했습니다.

[표20]

세계무역기구협정 위반을 시정하고자 하는 경우에는, 협정의 규칙과 절차를 준수하여야 한다.

(세계무역기구 분쟁처리양해서 23조 1항)

2부를 정리하겠습니다. 한미FTA라는 '총집'에는 미국 회사가 한국 정부를 향해 마음대로 뽑아 쏠 수 있는 '권총'이 들어 있습니다. 투자자의 국제중재 회부권이 그것입니다. 국제중재

판정에서는 한국의 경제민주화를 지향하는 헌법이 배제됩니다. 또 중재의 판정결과를 한국이 반드시 이행하게끔 무역보복을 인정하는 등, 한미FTA에는 투자자를 위한 겹겹의 장치가 촘촘하게 들어있습니다. 우리의 경제민주화 헌법을 지키려면 이 권총, 투자자에게 주어진 국제중재 회부 특권을 없애야 합니다.

제3부 '간접수용' 폐지

1. 간접수용 현금 시가 보상이란

한국은 세계의 대표적인 인구밀집 지역입니다. 헌법재판소는 땅에 대해 이렇게 선언했습니다.[35]

우리나라의 가용 토지 면적이 인구에 비해 절대적으로 부족한 반면에, 모든 국민이 생산 및 생활의 기반으로서 토지의 합리적인 이용에 의존하고 있는 정황을 고려하면, 토지는 국민경제의 관점에서나 그 사회적 기능에 있어서 다른 재산권에 비하여 보다 강하게 공동체의 이익을 관철할 것이 요구된다.

이처럼 한국에는 토지 소유권자에게 공동체의 이익에 따르도록 요구하는 '토지공개념'이 있습니다. 그러나 한미FTA는 공공이익을 해체하고, 그 윗자리에 토지소유권을 앉힙니다. 한미FTA는 개인의 재산권을 가장 높은 자리로 들어 올려 숭배하는, 미국식 장치입니다. 그리고 그 핵심에 '간접수용 현금 시가 보상'이라는 한국 법 질서에는 낯선 제도가 있습니다.

먼저 수용 보상 의무를 보겠습니다.

[표21]

국가가 공공목적을 위하여 투자자의 투자를 직접 또는 간접적으로 수용하려면, 차별이 있어서는 안되며, 적법 절차 및 국제 관습법상의 최소기준 대우를 해야 하며, 수용일 직전의 공정시장가격의 보상을 완전한 현금화가 가능하도록 지체없이 지급해야 한다.

(한미FTA 11.6조)

여기서의 '수용'은 한국 헌법과 법률에서의 수용과 글자만 같을 뿐, 그 의미는 다릅니다. 한국법의 '수용'은 국가가 재산권을 취득한다는 뜻입니다. 그러나 한미FTA의 '수용'은 여기에 머무르지 않습니다. 위의 조항 앞부분에서 '간접적으로 수용'한다는 부분에 주의하십시오. 한미FTA는 간접수용을, 다음과 같이 하나의 독립적인 개념으로 법제화했습니다.

[표22]

두 번째 상황은 간접수용으로서, 소유 명의의 이전은 없이 이에 동등한 효과를 가지는 경우이다.

(한미FTA 부속서 11-B 3절)

간접수용이란, 말 그대로 직접 수용이 아니더라도 실제 효과면에서 수용으로 판정받는 규제를 의미합니다. 그러니까 간접수용에서는 재산권의 소유권이 국가로 이전되지는 않습니다. 그럼에도 국가는 현금으로 시가 보상을 해주어야 합니다.

국가배상제도와 무엇이 다른가

간접수용 현금 시가 보상 의무는, 국가가 법률에 근거하여 적법한 규제를 하는 경우임에도 적용되는 의무입니다. 이것은 국가의 손해배상 책임과 전혀 다른 것입니다. 국가가 법적 근거 없이 불법적으로 개인 재산권을 침해할 경우 국가가 그 손해를 배상해야 한다는 차원이 아닙니다. 국가가 불법행위를 할 경우 국민에게 손해배상을 해야 하는 것은 너무도 당연하며, 국가배상법에 따른 국가배상제도가 따로 있습니다. 이것과 간접수용 현금 시가 보상은 영역이 다릅니다. 국가가 법적 근거를 가지고 법에 따라 규제를 하는 정상적인 영역에서 생기는 보상이라는 점이 쟁점입니다. 예를 들면 국가가 도로를 만들기 위해 법에 따라 토지를 수용하거나, 세법에 따라 세금을 부과하거나, 법에 따라 대형마트의 일요일 영업을 금지하는 경우의 문제인 것입니다(그래서 이 책에서는 '보상'과 '배상'을 구별했습니다).

아직 이 새로운 제도가 실감이 나지 않을 것입니다. 한국에는 본디 간접수용이 없습니다. 한국 헌법은 미국 헌법과는 달리, 재산권의 수용 및 보상은 '법률'로 정한다고 규정했습니다.

[표 23]
공공필요에 의한 재산권의 수용·사용 또는 제한 및 그에 대한 보상은

> 법률로써 하되, 정당한 보상을 지급하여야 한다.
>
> (대한민국 헌법 23조 3항)

첫째, 법률에 의해서만 국민의 재산권을 '수용'하도록 하되, 그 보상 또한 법률에 의거해서, 곧 법률에 보상 규정이 있어야 보상하도록 했습니다. 또 보상을 하더라도 시가가 아닌 공시지가를 기준으로 보상하며, 투기 방지를 위해 대토(代土)나 채권으로도 보상할 수 있습니다. 둘째, '간접수용 현금 시가 보상'이라고 하는, 일반 개념이 없습니다.

실제 사례를 들어 설명하겠습니다. 지상에 건축물이 없는 나대지(裸垈地)가 도로, 학교 등의 도시계획시설 부지로 지정되는 바람에, 나대지 소유자가 10년이 넘도록 도시계획에 지장이 있는 건축 행위를 할 수 없게 된 사건이 있었습니다. 헌법재판소는 10년이 넘게 토지의 사적 이용권을 배제하면서도 아무런 보상을 하지 않는다면 이는 재산권 보장에 위배된다고 했습니다. 그럼에도 현금 시가 보상은 명령하지 못했습니다. 단지 그 해결책으로서 국회에 입법 개선을 제시했습니다.[36] 이것이 한국의 헌법입니다. 보상을 해야 마땅한 경우에도 법률에 보상 규정이 있어야 보상을 할 수 있는 것입니다.

헌법재판소는, 헌법의 경제민주화 조항은 토지재산권에 대한 한층 더 강한 규제의 필요성을 표현하고 있다고 해석했습니다.[37] 헌법재판소는 보상이 필요한 규제라고 판단하는 경우에도, 보상을 어떠한 방법으로, 얼마로 할지와 같은 구체적인 내용은 국회의 입법권 행사 대상이라고 결정했습니다. 그린벨트와 관련된 사건에서도 헌법재판소는 현금 시가 보상을 명령하지 않았습니다. 금전보상 혹은 금전보상에 갈음하거나 기타 손실을 완화할 수 있는 제도를 보완하는 등의 여러 대안 가운데어느 것이 가장 바람직하고 합리적인 것인가 선택하는 것은, 광범위한 입법 형성권을 가진 국회의 과제라고 밝혔습니다. 재산권의 행사가 희생된 토지 소유자라고 할지라도, 국회의 보상 입법을 기다려야 합니다.

그래서 공공정책으로 손실을 입었다며 보상을 요구하기 위해서는, 보상하라는 규정이 법률에 명시적으로 존재하거나 또는 유추 적용할 수 있는 보상 규정이 법률에 있어야 합니다.[38] 한국 헌법은, 규제를 도입한 근거가 되는 법률에서 그 규제로 인한 손실 발생을 예상하고 그에 대해 보상하라는 조항을 두지 않은 한, 그 규제로 인하여 자신의 땅이 '간접수용'당했다고 주장하며 보상을 요구할 수 없도록 했습니다. '간접수용 보상'이라는 낱말 자체가 한국의 사법 질서에는 존재하지 않는다고 말할 수 있습니다.

이것이 한국의 헌법 질서입니다. 아무리 간접수용에 해당하는 경우이더라도, 토지 소유자는 국회의 보상 입법을 기다리는 수밖에 없습니다. 또 최소한 유추 적용할 수 있는 보상 규정이 법률에 있어야 합니다. 그러나 한미FTA는 이 모든 굴레를 단숨에 뛰어넘습니다. 이 협정에 의하면 어떤 규제가 간접수용에 해당하기만 하면, 국가는 토지 소유자에게 보상금을 지급해주어야 합니다.

간접수용의 판정 기준

그렇다면 어떤 경우에 공공정책이 간접수용으로 판정을 받을까요? '론스타'가 2012년 이명박 대통령에게 보낸 국제중재 회부 의향서에서 주장한 대로, 과연 한국 정부가 과세한 양도소득세 3,915억 원은 간접수용일까요?

한미FTA에는 다음과 같이, 간접수용에 해당하는지의 여부를 판정하는 기준이 있습니다.

[표24]

간접수용을 구성하는지 여부는, ① 정부 행위의 경제적 영향, ② 투자자가 투자에 근거해서 가지고 있는 명백하고 합리적인 기대를 정부 행위가 침해하는 정도 그리고 ③ 정부 행위의 성질 등의 모든 관련 요소를 고려하여 판정한다.

(한미FTA 부속서 11-B 3절)

이것이 무슨 뜻인지 이해하기 위해서는, 미국 헌법과 1922년의 미국 연방대법원의 판례를 알아야 합니다.

[표25]

정당한 보상 없이, 사유재산을 공용으로 취득당하지 아니한다.

(미국 헌법 수정 5조)

미국 헌법에서 재산권 조항은 오로지 이것 하나뿐입니다.

재산권을 절대적으로 보호하는 미국식 질서를 일찍이 보여준 사건은, 1922년 미국 연방대법원의 펜실베이니아 석탄광산 판결입니다.[39] 이 사건의 발단은 1921년, 펜실베이니아주(州)가 주거용 건물의 지반을 침하시키는 방식의 무연탄 채굴을 금지하는 법률을 제정한 데서 비롯되었습니다. 이 법률은 채굴장이 주변 건물로부터 500미터 이상 떨어져 있거나 혹은 광산 소유자가 주변 건물을 소유한 경우에만 그 예외를 인정했습니다. 그런데 미국 연방대법원은 이 법률이 광산의 재산권 가치를 현저히 감소시킨, 도가 지나친 규제라고 판결했습니다. 연방대법원은 이 법률이 미국 헌법상 개인 재산권의 '취득 행위'에 해당하므로, 주 정부는 광산 투자자에게 보상을 해야 한다고 명령했습니다.

이 판결 이후 국가의 직접적 취득 행위는 아니지만 이와 동등한 효과의 규제라는 뜻으로, '규제의 모양을 한 취득 행위'도 미국 헌법에서의 취득으로 인정하고, 따라서 미국 헌법에 따라 보상을 하게 되었습니다. 이 1922년의 미국 법원의 판례를 한국 땅에 이식하기 위한 장치가 바로 한미FTA의 '간접수용 현금 시가 보상' 조항입니다.

이후 미국은 이를 정교하게 다듬었습니다. 1977년 '펜센트럴' 사건[40]에서, 미국 연방대법원은 국가의 규제가 규제 차원을 넘어서 재산 취득으로 나아갔는지 여부를 판정할 세 가지 기준을 제시했습니다. ①정부 규제의 성격이 무엇이고, ②그 규제가 재산권의 경제성에 어떤 영향을 미쳤으며, ③재산 구입의 동기였던 합리적 기대가 이 규제로 인해 어느 정도로 장애를 받았는지 등입니다. 이 1977년의 미국 판례가 2007년 한미FTA 조항으로 등장했습니다. 즉 이 협정의 간접수용 판정 기준은, 그 뿌리가 미국 헌법에 있습니다.

앞으로는 [표24]가 한국을 지배합니다. 한국 정부의 투자자 업무 처리 기준이 됩니다. 미국인 투자자는 이러한 법적 장치를 통하여 한국 땅에서도 미국의 절대적 재산권 보장을 누립니다. 그래서 미국 통상법에는 "투자자 조항 협상의 목적은 수용 및 그 보상 기준을 미국법 원칙에 부합하도록 설정함으로써, 외국에서 사업하는 미국인이라도 미국의 법과 관행에 따른 권리를 누릴 수 있도록 하는 데에 있다"라는 규정이 존재하는 것입니다.[41]

게다가 이 협정은 수용 보상금은 모두 현금으로, 시가로 보상하도록 했습니다. 놀라운 특권입니다. 스코틀랜드 던디대학의 소르나라자흐 교수가 그의 저서 《해외투자 국제법》에서 "미국은 국제조약에서 재산권의 절대적 보호를 조문화하고 있다"고 지적한 것은, 이런 맥락에서입니다.[42]

미국식 제도를 한국 땅에 이식한 것은 여기에 그치지 않습니다. [표26]도 미국이 만든 것입니다.

[표26]
규제가 그 목적 또는 효과에 비추어 극히 엄격하거나 균형이 맞지 않는 경우의 예와 같은 드문 상황을 제외하고는, 저소득층 주거 여건 개

어떤 이는 위와 같은 간접수용 예외 판정 기준이 있으니 안심하자고 말합니다. 그런데 이 조항은 미국이 미국의 이익을 지키기 위해 만든 〈2004년 투자협정 표준안〉 부속서 B의 4항을 이식한 것입니다. [표 26] 조항은 매우 애매하고 불확실합니다. '정당한 공공복지 목적'이란 무슨 뜻입니까? 공공복지 목적 앞에 '정당한'이라는 제한을 둔 것은 어처구니없습니다. 국제중재부가 무엇을 기준으로 국가의 '공공복지 목적'을 정당한 것과 부당한 것으로 나누어 판별할 수 있을지 매우 의문스럽습니다.

더욱이 [표 26]의 실낱같은 혜택을 받기 위해선, '비차별적' 규제여야 하는데, 이것도 호락호락한 요건이 아닙니다. 세계무역기구 판례는 '사실상의 차별', 곧 서로 다른 경쟁환경이 조성되는 경우도 차별로 보았습니다. 나프타의 '마이어스' 판결에서도, 실제적인 효과를 따져서 내국민 기업과 외국인 기업 사이의 이익이 서로 균형이 맞지 않는 결과가 발생하면 그것은 차별이라고 판정했습니다.

간접수용의 물꼬를 터버린 이상, 그 거센 물살을 몇 조각의 자음과 모음들로 잡을 수 없습니다. 이 조항은 비유하자면, 소용돌이치는 강물에서 그저 바가지로 물을 몇 바가지 퍼내는 일입니다. 게다가 이 바가지에는 처음부터 구멍이 뚫려 있습니다. [표26]을 보면, '목적 또는 효과에 비추어 극히 엄격하거나 균형이 맞지 않는' 규제와 같은, '드문 상황'이라는 커다란 구멍이 있습니다. 본디 간접수용이란 개념 자체가, 직접적인 수용은 아니지만 규제가 너무 엄격하거나 균형이 맞지 않아 그 효과가 수용과 같게 되었다는 뜻입니다. 즉 이 개념 자체가 '드문 상황'에서 성립하는 것입니다. 그런데 [표26]은 이 드문 상황에서는 공공정책이라도 간접수용으로 보아야 한다고 하고 있는 것입니다.

[표26]에 의지해서 간접수용에서 제외될 수 있는 공공정책은 별로 많지 않습니다. 법무부가 2010년에 펴낸 《한국의 투자 협정 해설서》조차도, 부동산 가격 안정화 정책이라도 '드문 상황'에 해당하여 비례성을 벗어난 경우에는, 간접수용을 구성한다고 보는 것이 논리적으로 당연하다고 실토하고 있습니다.[43]

2. 공격받는 토지공개념

무너지는 땅 정책

간접수용 개념의 법제화가 한국 땅에 어떠한 방법으로 근본적인 충격을 주는지, 그린벨트를 예로 들어 설명하겠습니다. 어떤 땅 소유자가 자신의 땅이 그린벨트로 묶이는 바람에 애초 원하던 개발을 할 수 없게 되었다고 합시다. 그런데 그린벨트 법률에 의하면, 그린벨트에 속한 땅은 애초에 사용하던 용도로도 도저히 사용할 수 없는, 그러한 특별한 경우에만 국가에게 땅을 사가라고 요구할 수 있을 뿐입니다. 따라서 대부분의 그린벨트 토지 소유자는 국가에 보상을 요구할 수 없었습니다.

그러나 간접수용 개념의 법제화는 그린벨트 땅 소유자가 국가에 보상을 청구할 길을 열어줍니다. [표 24]의 간접수용 기준에서 본다면, 지금과 같은 방식의 한국식 그린벨트 제도는 간접수용에 해당한다고 중재부가 판정할 가능성이 높습니다.

한국의 그린벨트 제도는 '도시의 무질서한 확산 방지'라는 추상적인 목적을 내세워서 사유지를 그린벨트로 지정하고선, 아무런 보상도 없이 토지 소유자의 토지 개발을 불가능하게 만듭니다. 그래 놓고서 도시민을 위한 아파트를 짓겠다고 그린벨트 토지를 일방적으로 수용한 다음 그린벨트를 해제하는 경우가 많습니다. 애당초 '도시' 경계가 넓어지는 것을 막는다는 명목으로 땅 소유자에 의한 개발행위를 금지시켜 놓고서, 바로 그곳에 다름 아닌 '도시'를 짓겠다고 땅을 내놓으라고 하는 것입니다. 따라서 한국식 그린벨트는 [표24]의 판정 기준으로 본다면 간접수용에 해당하기 십상이고, 그래서 그린벨트 토지 소유자들에게 보상금을 지급해야 한다면 현행 그린벨트 제도는 존속하기 어렵습니다.*

그린벨트를 예로 든 이유는, 한미FTA가 땅에 대한 간접수용 개념을 하나의 독립적인 법적 범주로 제도화한 것의 중대성을 설명하기 위해서입니다. 그린벨트라고 하는 한 나라의 거대하고 기본적인 토지 규제 제도의 존속을 좌우할 만큼 이것은 중대한 사건인 것입니다. 요컨대 간접수용 개념의 법제화는, 땅 소유자의 손에 국가의 규제 일반에 맞설 수 있는 법적 무기를 쥐어주는 것입니다. 땅 욕심은 폭발할 것입니다. 그리고 그 희생자는 한국 헌법의 토지공개념이 될 것입니다. 땅에 대한 국

---

*IMF사태가 아니었다면 한국은 그간의 생산력 발전의 결실을 이러한 그린벨트 보상에 사용할 수 있었을지도 모릅니다. 그리고 그 결과 오늘날 상당히 많은 녹지대가 공유지로 되었을 수 있습니다.

가의 규제는 투자자 개인들의 땅 욕심 앞에서 머리를 숙이게 될 것입니다. 간접수용 보상의 법제화는 우리사회의 공익과 땅 욕심 사이의 균형을 파괴하는 그런 엄청난 일인 것입니다.

지금까지는 한국은 토지공개념 헌법 조항을 근거로, 토지에 대한 직접적 수용, 곧 소유권을 상실하는 경우에도 투기를 막기 위해서 현금 보상이 아닌 채권 보상이나 대토 보상을 할 수 있었습니다. 그러나 이것마저 불가능하게 됩니다.

한미FTA의 간접수용 보상제를 폐지해야 합니다. 한국의 토지공개념을 투자자 소유 토지에도 적용해야 합니다.

싱가포르의 사례

싱가포르도 땅이 좁은 나라입니다. 그래서 자유무역협정을 체결할 때 땅 정책의 자율성을 확보하는 데에 특히 많은 노력을 기울였습니다. 싱가포르는 한국과의 자유무역협정에서 다음과 같이, 토지와 관련된 수용 조치는 자유무역협정에 의하지 않고 국내법에 정의된 바에 따른다고 하였습니다.

[표27]

협정문의 수용 보상 조항에도 불구하고 토지에 관한 모든 수용 조치는 협정 발효일 현재의 수용국의 국내법에서 정의한 바에 따르며, 보상금의 목적과 액수의 면에서도 이 법에서 정한 대로 한다.

(한국-싱가포르FTA 10.13조 5항)

요컨대 토지와 관련된 국가의 규제에 대해 외국인 투자자가 싱가포르를 국제중재에 회부하여 토지 수용을 주장할 때, 그것이 토지 수용인지 아닌지와 어떻게 보상할지는 싱가포르 국내법에 따라 판단한다는 것입니다. 싱가포르의 땅 현실을 반영하여 싱가포르 의회가 제정한 법률에 따르라는 뜻입니다.

싱가포르는 이미 2003년 미국과의 자유무역협정에서, 토지 수용 문제에 있어서는 자유무역협정 발효 후 3년 동안은 자유무역협정 수용 보상 조항이 적용되지 않도록 하였습니다(2003년 5월 6일자 부속서한 4절). 갑작스런 충격을 피하고 내부적으로 정비할 기간을 확보하려는 것입니다.

2005년 인도와의 자유무역협정에서도 싱가포르는 토지 수용에 대해서는 국내법을 적용한다는 조항을 두었습니다.

[표 28]

토지에 관한 모든 수용 조치는 협정 발효일 현재의 수용국의 국내법에서 정의한 대로 따라야 하며, 보상금의 목적과 액수의 면에서도 이 법에 맞게 해야 한다.

(싱가포르-인도 FTA 6.6조 3항)

3. 공익과 정책주권 지키기

조세정책

간접수용 현금 시가 보상 조항은 토지공개념만 공격하는 것이 아닙니다. 국가의 과세 처분 자체가 간접수용에 해당되어, 세금을 걷기는커녕 국가가 보상을 해야 할 수도 있습니다.

다음과 같은 조세에 대한 매우 주목할 만한 조항이 있습니다.

[표29]

투자자는 조세에 대해 수용 혹은 투자 계약 위반을 이유로 국제중재에 회부할 수 있다. 국가는 조세가 수용에 해당하는 경우 투자자에게 보상해야 한다. 조세는 일반적으로 수용을 구성하지 아니한다. 국제적으로 인정된 조세정책·원칙 및 관행에 합치하는 조세는 수용을 구성해서는 안된다. 특히 탈세를 막기 위한 조세는 일반적으로 수용을 구성하지 아니한다. 특정 국적의 투자자 또는 특정 납세자를 겨냥한 조세는 수용을 구성할 가능성이 높지만, 이와 반대로 비차별적으로 적용되는 조세는 그 가능성이 낮다.

어려운 낱말들이 나열되어 있지만 위 조항에서 확인할 수 있는 것은, 투자자는 한국 정부가 부과한 조세에 대해서 수용을 주장하며 국제중재에 회부할 수 있다는 사실입니다. 그리고 국제중재부가 이를 수용이라고 판정하면 국가는 보상을 해야 한다는 것입니다.

'론스타'가 2012년에 이명박 대통령에게 보낸 국제중재 회부 의향서를 보면, 한국 정부가 론스타에게 부과한 양도소득세가 제소 대상입니다. 바로 [표 29]가 그것을 가능하게 해주고 있습니다. 론스타는 비록 벨기에 국적 회사를 통해서 한국에 투자했지만, 한미FTA에서는 투자자 자신이 '간접적'으로 지배하는 회사까지도 투자에 해당하기 때문에(11.28조), 론스타는 한국을 국제중재에 회부할 수 있습니다.

이제 론스타에 대한 한국의 과세는 세 사람의 국제중재부, 보다 정확히 말하면 한 사람의 의장 중재인의 손에 그 운명이 놓입니다. 이때 이 사람이 판정하는 기준을 제시한 것이 [표 29]입니다. 만일 그가 한국의 과세가 국제적으로 인정된 조세 정책·원칙 및 관행에 합치하지 않는다고 판단하거나, 혹은 특정 국적의 투자자 또는 특정 납세자를 겨냥한 조세라고 판단한다면 한국은 론스타에게 보상을 해야 합니다.

투자자가 국가의 조세정책에 대항하여 국가를 굴복시킨 사건으로 1998년 '고에츠(Goetz)' 사건이 있습니다. 이 벨기에 회사는 1993년에 아프리카 브룬디 정부에게 자신이 투자한 광산을 조세 및 관세 면제지역으로 지정해달라고 신청했고, 그렇게 지정을 받아서 광업에 진출했습니다. 이 지정 행위는 일반적이고 정형화된 것으로서, 특정 투자자에게 장차 어떠한 과세 변경도 없으리라고 브룬디 정부가 약속한 것은 아니었습니다. 브룬디 정부는 1995년에 광업 전반에 대해 이러한 특혜를 폐지하는 결정을 내렸습니다. 그러자 회사는 그로 인한 손실 보상을 요구하며 벨기에와 룩셈부르크가 브룬디와 체결한 투자협정을 근거로 브룬디 정부를 국제중재에 회부했습니다. 국제중재부는 1998년, 브룬디의 조세정책 변경이 회사의 재산권을 제한하는 것으로서 이는 투자협정에 따라 간접수용에 해당한다고 판정하였습니다. 결국 브룬디는 그 회사에게 300만 달러를 지급하고, 새로운 조세·관세 면제지역을 제공하기로 합의해야 했습니다.[44]

2002년의 '펠드만' 사건에서도 조세가 수용에 해당할 수 있다는 판정이 있었습니다. 조세가 과세 목적과 투자자의 이익 사이의 균형을 깨고 투자자의 합리적 기대를 침해할 때에는 수용에 해당한다고 했습니다. 2012년의 '유코스(Yukos)' 사건에서 중재부는 러시아가 유코스사에 대하여 조세를 추징하여 파산에 이르게 했다며, 과세 조치가 간접수용에 해당한다고 판정했습니다.[45]

세금은 매우 중요한 문제입니다. 그런데 [표29]는 국가에게 국제금융자본에게는 함부로 세법을 들이대지 말라고 하는 조항입니다. 한국인에게는 한국법으로 세금을 거두고, 국제금융 자본에게는 국제법에 따라 품위 있게 세금을 거두라는 것입니다. 그러나 그 어느 국가의 조세권에 대해서도 국제법적 구속력을 갖는 국제 규범이란 존재하지 않습니다. 1954년부터 발효 중인 '유럽인권선언'은, 재산 수용에 관한 여러 규칙이 어떤 형태로든 조세를 징수하는 법률을 집행하는 국가의 권한을 손상해서는 안된다고 규정했습니다.

그러나 한미FTA는 '국제적으로 인정된 조세정책·원칙 및 관행'에 합치하게끔 세금을 거두라고 합니다. 이것을 단순히 투자자와 내국민을 차별해서 과세하지 말라는 것으로 해석할 수는 없습니다. 왜냐하면 국제조약 해석의 기본 원칙의 하나는, 조항의 존재 의의와 효력을 부여하는 쪽으로 해석한다는 '실효성의 원칙'인데, 한미FTA에는 이미 소득세나 자본이득세, 부동산세 등의 대부분의 과세에 대해 투자자 조항의 내국민 대우, 곧 국적을 이유로 하는 차별 금지를 적용하지 않는다는 조항이 있기 때문입니다(23.3조). 결국 '국제적으로 인정된 조세정책·원칙 및 관행'에 의한 조세 조항은, 따라서 각국의 세법에 의한 과세라고 하더라도 정도에 지나친 과세는 그것이 간접수용에 해당한다고 인식한다는 뜻입니다.

나프타에서의 2002년 '펠드만' 사건에서 중재부는, 과세 목적과 투자자의 이익 사이에 균형이 상실되고 투자자의 합리적 기대 이익을 침해할 경우에는, 간접수용에 해당한다고 판정했습니다. 이것이 '국제적으로 인정된 조세정책·원칙 및 관행'에 따르라는 조항을 둔 목적입니다.

이것은 국가의 조세주권을 침해하는 조항입니다.

금연정책

'간접수용 현금 시가 보상'은 공공정책 전반을 겨냥합니다. 다국적 담배회사 필립모리스는 호주가 2011년에 담배 포장에 화려한 디자인과 로고를 쓰지 못하게 하는 법률을 만들자, 호주를 국제중재에 회부하였습니다.

금융정책

네덜란드 기업 '유레코'는 폴란드 최대 공영 보험회사의 사유화에 참여해서, 그 지분 30퍼센트를 인수했습니다. 사유화 계약 당시에 유레코는 지분 50퍼센트 이상을 차지하여 지배 주주가 될 것을 기대하고, 이를 폴란드 정부에 요구했습니다. 폴란드 정부도 주식 추가 공개를 통한 완전한 사유화를 약속했습니다. 그런데 이후 폴란드 국민 여론이 사회보험의 사유화에 반대하자, 폴란드 정부는 완전 사유화 방침을 철회했습니다. 그러자 유레코는 폴란드 정부를 국제중재에 회부했습니다. 국제중재부는 2005년 폴란드 정부에게 약 2조 원을 보상하라고 판정했습니다.

방송정책

'씨엠이' 사건에서는 체코 방송위원회의 민영 방송국 감독행위가 간접수용으로 판정을 받았습니다. 이 사건은 체코가 공산주의 붕괴 후 방송 사유화를 추진하기로 하면서, 1993년 체코 기업인 '씨이티21'에 체코 최초의 전국 민영 텔레비전방송 허가권을 부여한 데에서 시작했습니다. 이 최초의 민영 텔레비전 사업은 이 체코 기업(씨이티21)과 미국 회사인 '씨엠이'의 합작투자로 진행되었습니다. 그런데 체코의 여론은 체코의 첫 민영 텔레비전이 외국인에 의해 장악되는 것을 원하지 않았습니다. 그래서 체코 방송위원회는 방송국 설립과 운영에 필요한 씨엠이의 외국자본이 개입되는 것을 인정하면서도, 방송 허가권은 위의 체코 기업에만 부여했습니다. 그러니까 미국 기업인 씨엠이는 자본을 제공하고, 씨이티21은 방송 허가권을 제공하는 합작투자를 하여, 별도로 텔레비전 방송사(씨엔티에스)를 설립해서 방송을 하는 그런 구조였습니다. 결국 텔레비전 방송사 씨엔티에스는 자신의 명의로 된 방송 허가권은 없지만, 합작투자 계약에 따라 씨이티21의 방송 허가권을 독점적으로 사용하는 틀입니다. 방송위원회는 여러가지 전제조건을 붙여서 이러한 변칙적 방송 구조에 대해 방송 허가권을 부여했습니다.

이런 와중에 1996년 방송법이 개정되어 방송 허가권에 어떤 전제조건을 붙이는 일이 금지되면서, 이에 따라 방송위원회는 이 방송사를 허가할 당시에 붙인 전제조건에 대한 감독권을 잃습니다. 그래서 체코 방송위원회는 방송 허가권 보유자가 아닌 방송국이 방송 허가권을 독점적으로 사용하는 방식은 더이상 적법성이 인정되기 어렵다고 보고, 방송국에 불법 시정 경고문을 보냅니다. 또 방송국이 허가권 없이 방송을 하였다는 이유로 벌금 부과를 위한 행정절차에 착수합니다. 그리고 합작 투자 계약서의 방송 허가권 독점 조항을 사실상 제거하는 방향으로 합작투자 계약의 변경을 요구합니다. 이것이 발단이 되어, 방송 허가권을 소유한 씨이티21은 1999년, 합작투자 계약을 파기하고 따로 방송사를 설립합니다. 결국 자신의 고유한 방송 허가권을 갖고 있지 않았던 씨엠이는 더이상 방송사업을 할 수 없었습니다. 그러자 씨엠이는 체코 방송위원회가 애초의 방송 허가권 부여 과정에서부터 합작투자 파국에 이르기까지 보여준 일련의 감독 혹은 감독 소홀은, 자신들의 투자재산을 간접수용한 것이라고 주장하며 체코를 국제중재에 회부했습니다. 국제중재부는 방송위원회의 일련의 감독 혹은 감독 소홀 행위가 간접수용에 해당한다고 인정하고, 체코는 3억 5천만 달러를 보상하라고 판정했습니다.

중재부는 방송위원회의 태도가 씨이티21의 계약 파기에 영향을 주었으며, 씨이티21이 방송위원회를 팔아 씨엠이에게 계약 파기 위협을 가했을 때에, 방송위원회로서는 자신의 개입으로 조성된 상황인 만큼 그것을 정리해주고 법적 상황을 명료하게 해주어야 했음에도 불구하고 이를 하지 않았다고 지적했습니다. 그리고 방송위원회가 씨엠이의 거듭된 개입 요청과 유권 해석 요구를 거부했다고 지적하였습니다.[46] 그리고 바로 이러한 방송위원회의 개입·방치가 합작투자 계약 파기의 원인이 되었다고 판정하였습니다. 그리고 계약 파기에 따라서 투자자가 방송 허가권의 독점적 사용권을 상실하였으므로, 방송위원회가 비록 투자자의 재산권을 직접 취득한 것은 아니지만 취득한 것과 동등한 간접수용을 한 것이라고 판정하였습니다.

한편 한국의 현행 '방송법'의 109개 조항 어디에도 방송위원회의 감독행위에 대해 간접수용을 주장하면서 보상을 요구할 수 있다는 조항은 없습니다. 방송법에는 '보상'이라는 낱말 자체가 존재하지 않습니다. 그러므로 방송 규제로 인해 보상을 해야 할 일이 없었습니다. 하지만 한미FTA에선 다릅니다. 이 협정의 간접수용에 해당한다고 판정을 받으면 보상을 해야 합니다. 한국법에 보상 조항이 없더라도 보상을 해야 합니다.

환경정책

인허가·면허·특허를 취소하거나, 그 갱신을 거부하는 것에도 간접수용이 적용됩니다. 2002년 '미들이스트(Middle East Shipping and Handling Co.)' 선박회사 사건에서 이집트가 이 선박회사에게 부여하였던 생시멘트(벌크 시멘트)의 수입과 저장, 포장, 국내 배송 허가권을 취소한 것을, 중재부는 수용과 동등한 효과를 갖는 것, 곧 간접수용으로 보았습니다.[47] 4개월간 면허취소를 한 대가로 이집트는 210만 달러를 보상해야 했습니다.

앞에서 보았던 것처럼 '텍메드' 사건에서 멕시코는 투자자의 허가 갱신 신청을 거부한 대가로 보상을 해야 했습니다. 멕시코는 회사가 허가 조건을 위반하여 매립장에 생물학적 전염병 폐기물을 반입했다는 등의 이유로 허가 갱신 신청을 거부했습니다. 그러자 텍메드 회사는 멕시코를 국제중재에 회부하였는데, 허가 갱신이 거부됨으로 인하여 매립장에 자신들이 투자한 재산이 전혀 쓸모가 없게 되었고, 따라서 간접수용이라는 주장이었습니다. 멕시코 정부는 회사의 재산에 대한 여하한 직접적 취득도 있지 않았으므로 수용이 아니라고 반박했습니다. 그러나 국제중재부는 멕시코가 허가를 갱신하지 않은 것은 그 효과가 영구적이고 돌이킬 수 없는 것이고, 매립장과 관련된 회사 재산권의 사용과 경제적 가치를 파괴한 것으로서, 간접수용에 해당한다고 판정하였습니다. 비록 회사가 매립장 시설의 소유권 자체에 대해서는 권리를 계속 갖고 있지만 허가 갱신 거부로 인해서 매립장을 영구적으로 가동할 수 없게 되었으므로 재산권의 효용이 파괴되었다는 것입니다.

중재부는 회사가 매립장 허가 조건을 위반한 것은 맞지만, 매립장 이전 등 다른 방법 대신 허가권 자체를 소멸시킨 것은 지나치고 비례성이 없다고도 지적했습니다. 그리고 허가 갱신 거부는 지역민의 사회적·정치적 압력에 따른 것이었다고 단정하였습니다.[48] 멕시코가 지불해야 할 보상금은 550만 달러였습니다.

이제 3부를 정리하겠습니다. 땅 소유권을 절대적으로 보호하는 행위는, 한국을 땅을 가진 자와 갖지 못한 자의 전쟁터로 만드는 일입니다. 간접수용 현금 시가 보상제는 땅 욕심이라는 판도라의 상자를 여는 행위입니다. 땅에 대한 국가의 규제를 퇴

각시키는 명령입니다. 공동체의 이익과 개인의 재산권 사이의 균형이라는 한국식 질서를 무너뜨립니다. 한미FTA는 한마디로 말하면, 한국의 사회질서에서 공과 사의 구별을 무너뜨리는 것입니다. 공익을 누르고 그 위에 개인의 욕망이 올라앉게 만드는 새로운 헌법입니다.

일찍이 유길준은 1895년에 《서유견문》에서, "법률과 권리가 인간세상의 보편적인 이익을 위하여 평등하고도 어느 한쪽으로 치우치지 않"는 사회를 제시했습니다.[49] 공익을 지키는 법률과 개인의 권리, 어느 한쪽으로도 치우치지 않는다는 말입니다. 한국 헌법은, 타인과 더불어 살아가야 하는 공동체를 흐트러뜨리지 않는 범위 내에서, 사유재산을 보장합니다. 이는 저 개인의 생각이 아니라 헌법재판소의 결정을 그대로 옮긴 것입니다.[50] 그래서 '공과 사는 다르다', '선공후사(先公後私)'라는 말이 동아시아와 우리사회에 자리 잡고 있습니다.

한미FTA의 수용 보상 조항을 폐지해서 투자자도 한국법에 따른 수용 보상을 받도록 해야 합니다. 그래야 토지공개념을 유지할 수 있습니다.

제4부 '규제 완화' 폐지

1. 국민건강보험 지키기

다시 〈비전 2030〉을 봅니다. 이것이 대안으로서 제시한 규제 개선이 대다수 국민에게 무엇을 의미하는지를 한미FTA를 보면 잘 알 수 있습니다. 한미FTA는 특히 공공의료서비스를 집중 공격합니다. 한미FTA는 국민건강보험 규제를 벗어난 영리병원 제도를 폐지하지 못하도록 했습니다. 그리고 국민건강보험 약값 결정에서 국가가 더 뒤로 물러나도록 했습니다. 이런 것이 〈비전 2030〉이 말하는 규제 개선입니다. 국민의 기본적 삶을 보장하는 여러 공공 제도를 형성하는 국가의 규제를 무력화시킵니다. 국가의 필수적 규제권을 없애거나 약화시킵니다. 그리고 그 공공서비스 영역에 기업이 진출해서 돈을 벌 수 있도록 합니다. 공공서비스 영역에서 기업의 독과점을 만들면 최고의 돈벌이가 됩니다. 한미FTA가 '의약품'이라는 제목으로 된 별도의 독립된 장(제5장)을 둘 정도로 공공보건의료 규제를 공격하는 것도 바로 그러한 목적 달성을 위해서입니다.

건강보험 민영화

보다 저렴하면서 보다 효과적인 약을 국민건강보험 약품으로 선택하는 것은 국가의 정당한 권한입니다. 논리적으로나 경제적으로나 그렇습니다. 국가는 국민을 대신해서 약을 구입하는 당사자이므로 어떤 약을 얼마에 살 것인가를 국가가 정하는 것이 맞습니다. 그러나 한미FTA는 국가의 보험 등재와 약값 산정 결정에 대해서 미국 제약회사가 이의를 제기하는 경우, '독립적인 재심기구'에서 다시 판단하도록 했습니다(5.3조 마항, 부속서한). 여기서 '독립적'이라는 의미는 약을 구매하는 국민건강보험공단과 정부가 참여할 수 없다는 뜻입니다. 국가에게 물러나라고 한 것입니다. 그래서 민영화라고 부릅니다. 특히 한국은 여기서의 '재심'을, '합리적이고, 정하여진' 시간 이내에 완료할 것까지도 보장했습니다.

민영화된 재심 결과는 국가의 애초 결정을 승인하는 것일 수도, 부인하는 것일 수도 있습니다. 그런데 만일 후자라면, 국가는 특별한 이유가 없는 한 그 결정을 존중해서 애초의 결정을 바꾸어야 합니다. 이렇게 해석하지 않는다면, '독립적' '재심' 절차를 일부러 자세히 규정해놓은 협정 조항의 존재의의를 부인하는 것이 됩니다. 반복하지만, 국제조약을 해석할 때 중요한 원칙 중의 하나는 '실효성의 원칙'으로서, 특정 조항의 존재의의를 원천적으로 부인하는 것이 아닌, 조항의 실효성을 인정한다는 것입니다.

그런데 한국 정부가 펴낸 '관계부처합동 해설'은 그렇지 않습니다. "미국은 원심 번복 권한을 지닌 독립적 재심기구 설치를 요구하였으나, 우리는 이를 수용하지 않고 재심 결과를 원래 결정기관으로 환송하는 방식으로 운영할 예정임을 확인"하였다고 설명했습니다. 그렇지만 이것은 말의 성찬(盛饌)에 지나지 않습니다. 재심기구가 직접 번복하건, 국가가 원래의 결정을 번복하건 번복은 번복입니다. 어느 회의실에서 결정이 번복되느냐가 중요한 것이 아닙니다. 독립적 재심기구가 국가의 애초 약값 결정을 뒤집으면, 그 취지에 국가는 사실상 구속될 것입니다.

강화되는 제약회사의 특허권

한미FTA는 미국 제약회사의 신약 특허권을 보호하느라 공익과의 균형을 잃었습니다. '규제로부터의 해방'을 역설하던 〈비전 2030〉의 '능동적 개방주의'가, 의약품 특허권에서는 오히려 미국 제약회사의 독점권을 강화하였습니다. 이것이 〈비전 2030〉의 실제 모습입니다. 특허권을 비롯한 지식재산권을 미국의 새로운 국부 창출의 수단으로 삼으려는 미국의 새로운 세계전략이, 이 협정에 그대로 관철되고 있습니다.

한미FTA에는 의약품이라는 말이 70여 회나 사용될 만큼 의약품에 '특별한 애정'을 표시합니다. 의약품 특허권을 불균형하게 보호하고 있는 이 협정의 무수한 조항들 가운데 하나만 살펴보면, 다음과 같이 요약할 수 있는, 특허-시판 연계 조항입니다.

[표 30]

식약청에 제네릭 약품의 시판 승인 신청이 접수될 경우, 식약청에 기신고된 특허로서, 의약품 또는 그 승인 용도법에 효력이 미치는 특허의 특허기간에 시판을 추진하는 승인 신청에 대해서는 그 신청자의 인적 사항을 위 특허권의 보유자에게 통지하여야 한다. 그리고 특허권자의 동의 없이는, 위 특허의 특허기간에는 제네릭 약품이 시판되지 않도록, 시판 승인 절차에서 조치를 취해야 한다.

(한미FTA 18.9조 4항)

'제네릭 약'이란, 특허기간 20년이 끝나면서 '공공재'로 편입되게 된 유명 신약의 특허 성분을 활용해서 그 신약과 동일한 효과를 내면서도 대량 생산되어 가격이 저렴한 약을 말합니다. 제네릭 약품은 편법의 신약 모조품이 아닙니다. 사회가 유명 신약(제약회사)의 특허권 20년 독점을 수용해준 대가로 성취해낸 공공재적인 상품입니다. 동시에 한국 국민건강보험제도의 근간이 되는 약들입니다. 물론 제네릭 약도 어엿한 약이기 때문에 식약청의 승인을 받아야 시판될 수 있습니다. 그러나 그 안전성·유효성은 이미 유명 신약의 임상시험에서 입증된 것이기 때문에, 임상시험 자료를 별도로 제출하여 심사받는 절차가 없고, 대신 유명 신약과 동등하다는 것만 입증하면 됩니다. 이렇게 별도의 독자적인 임상시험 자료 획득 단계가 필요하지 않기 때문에, 저렴한 값에 대량으로 공중에게 제공될 수 있는 것입니다. 그리고 이러한 맥락에서 [표30]을 파악해야 합니다.

유명 신약의 특허권을 가지고 있는 미국 제약회사의 입장에서는, 특허권 20년의 종료는 곧 독점적 수익의 마감을 의미합니다. 그래서 이들은 유명 신약 특허의 수명을 연장하려고 갖가지 방법을 시도합니다. 가령 물질의 일부 성분을 추가한다든지, 그 제법(製法)에 특허를 걸어둔다든지 하여, 이용 가능한 여러가지 조합을 계속 특허에 추가합니다. 이렇게 해서 특허의 망을 넓게 쳐놓으면, 이 망을 피해서 제네릭 약품 회사가 유명 신약에 대한 제네릭 약품을 출시하는 일은 매우 곤란해집니다.

그런데 지금까지는 한국 법률에 의해서 특허권은 특허청이, 의약품 시판 허가는 식약청이 담당했습니다. 식약청은 제네릭 약과 신약의 동등성 인정 여부만 평가하여 제네릭 의약품 시판을 승인했습니다. 만일 문제의 약이 유명 신약을 둘러싼 여러 특허망에 걸리는 것이라면, 미국 제약회사는 한국의 법원에 특허권 침해 금지 소송을 제기해야 하는 일이었습니다.

그러나 [표30]은 지금까지 없던 새로운 무기를 미국 제약회사에게 줍니다. 미국 제약회사는 자신의 특허를 식약청에 알려주는 것만으로 충분합니다. 그러면 식약청이 알아서 이 특허의 망에 걸리는 제네릭 약품들을 골라내야 합니다. 결국 국민건강보험공단이 애타게 기다리는 저렴한 제네릭 약품 출시는 더 늦어지고, 더 어려워집니다.

영리병원이란

보건복지부는 2012년 10월, 영리병원 규칙을 공포했습니다. 그래서 경제자유구역에서의 영리병원 설립 신청 절차를 만들었습니다. 영리병원이란, 국민건강보험증을 거절할 수 있는 병원입니다. 국민건강보험 예외 병원입니다. 물론 보건복지부는 영리병원이란 용어를 사용하지 않습니다. 대신 '외국의료기관'이라고 합니다. 그러나 의사 중 90퍼센트는 한국인이고, 한국인 환자가 이용할 수 있는 곳이므로 외국의료기관이라 하는 것은 거짓부렁이입니다. 핵심은 국민건강보험을 거부할 수 있다는 점입니다(경제자유구역의 지정 및 운영에 관한 특별법 23조 5항). 외국의료기관에서는 국민건강보험 규제를 거부할 수 있습니다. 이 병원에서는 국민건강보험증은 쓰레기통의 쓰레기와 같습니다. 병원이 정하는 병원비를 자기 부담으로 내야 합니다. 그래서 영리병원입니다.

한미FTA는 한국이 '경제자유구역과 국제자유도시'에서 허용한 영리병원제도를 폐지하지 못하도록 못박았습니다(부속서II 39면). 국민건강보험을 거부하는 영리병원이 이렇게 자리를 잡으면 어떻게 될까요? 병원마저 부자들이 이용하는 병원과 가난한 이들이 이용하는 병원으로 나누어지고, 부자들은 더이상 국민건강보험을 요구하지도 수용하지도 않을 것입니다. 가난한 사람들로만 유지되는 국민건강보험은 더이상 국민건강보험이 아닙니다. 그렇게 되면 사람들은 국민건강보험증을 병원의 쓰레기통에 버릴 것입니다.

　　건강보험 민영화 조항과 약 특허-시판 연계 조항과 영리병
원 조항을 폐지해야 합니다. 이것이 경제민주화를 위한 최소한
의 조건입니다.

2. 농업 회생을 위한 3대 조치

한미FTA는 한국의 농업과 국민경제와의 연계를 끊으려 합니다. 그리고 그 자리에 미국식 농업과 식품체계를 이식하려고 합니다.

발효 주정(酒精)이나 맥아는 농업에서 매우 중요한 상품입니다(술은 우리 농업의 중요한 활로의 하나입니다). 그러나 한미FTA는 현재 각 270퍼센트, 269퍼센트 대의 관세를 15년 후에는 모두 철폐하도록 했습니다. 세계에서 그 예를 찾아보기 어려울 정도로 이미 허약하였던 '술과 농업의 연결고리'를 더욱 확실하게 끊었습니다.

국내의 식품산업과 밀접한 연계를 유지하고 있는 농산물, 예를 들어서 참기름, 냉동고추, 고추장, 저장처리 딸기, 고추·마늘·양파 혼합조미료, 건조·일시저장처리 당근·무·배추 등에 대해서도 마찬가지입니다. 관세가 결국은 모두 폐지됩니다. 이것은 큰 잘못입니다. 한미FTA는 이렇게 농업과 국내 식품산업의 연계를 끊어놓고 있습니다. 내부 부가가치 창조와 식품산업과의 연계라는 한국 농업의 출구를 막아버렸습니다.

유전자조작식품과 검역체계

미국은 2007년 4월, 한미FTA 협상 최후의 순간에 〈농업생명공학 양해서〉라는 것을 관철시켰습니다. 이 양해서의 1항을 살펴보지 않을 수 없습니다.

> [표 31]
> 한국이 식용·사료용·가공용 유전자변형 생물체에 대한 환경위해성평가를 할 때, 예정된 사용 용도에 맞는 적절한 평가 기준에 따르도록 한다.
> (농업생명공학 양해서 1항)

이 항을 온전히 이해하려면, 우선 한국의 현행 유전자조작 생물체에 대한 위해성 평가의 큰 틀이 '시험 및 연구용'과 '식용, 사료용, 가공용'으로 수입 목적에 따라 다르다는 것을 알아야 합니다. 예를 들어서, 미국산 유전자조작 콩이 '식용'으로 수입되었다고 합시다. 한국의 입장에서는 행여 이 콩의 일부가 식용으로 소비되지 않고 '종자용'으로 둔갑해서 한국의 자연에 방출되지 않을까 위험에 대비하지 않을 수 없습니다. 그래서 한국은 비록 수입 용도는 '식용'으로 되어있는 콩이지만, 이 콩에 대해 토양재배실험을 통한 위해성 평가, 곧 환경위해성평가라는 것을 마땅히 해야 합니다. 이런 이유에서, 농림부장관 고

120

시 〈유전자조작 농산물의 환경위해성평가 심사지침〉에는, 식용·사료용 농산물이라도 원형 상태로 국내 환경에 방출될 우려가 있는 경우에는 환경위해성평가를 하게 했습니다. 그리고 그 평가 기준에는 '토양 또는 수계에서의 생존능력', '포자 생성 여부', '토양 유용 미생물, 주변 곤충, 동식물에 미치는 영향', '식물병원균과의 유전물질 교환 가능성 여부' 등이 포함됩니다.

양해서 1항은 바로 이러한 한국의 제도를 공격합니다. 식용 유전자조작 콩을 예로 들어 설명하면, 양해서에 따라 한국은 이 콩에 대한 위해성 평가를 할 때에, '식용'이라고 하는 애초의 '예정된 사용 용도'에 부합하는 평가기준(만)을 사용해야 합니다. 결국 환경위해성평가 자체의 의의를 심각하게 제약하는 것입니다.

이 양해각서가 타결될 당시, 한국에서는 〈유전자조작 생물체의 국가 간 이동 등에 관한 법률〉이 그보다 6년 전에 이미 제정되었는데도 불구하고 시행되지 못하고 있었습니다. 그 이유는 이 법이 "유전자조작 생물체로 인한 국민의 건강과 생물다양성의 보전 및 지속적인 이용에 미치는 위해를 사전에 방지"하는 법이기 때문입니다. 이 법률이 바로 시행되면 미국산 유전자조작 옥수수, 콩, 사료를 대상으로 하여 국민건강영향평가와 자연환경영향평가를 하는 절차가 법제화되게 됩니다. 그리고 이 평가들을 통과하지 못하는 미국산 유전자조작 작물은 수입이 금지됩니다. 그래서 미국은 이 법이 시행되기 전에 미리 미국에 유리한 장치를 만들었던 것입니다.

이처럼 이 협정은 미국식 농업을 상징하는 유전자조작 농산물을 위해서 한국의 규제를 제약합니다. 미국식 농업·식품체제가 한국에서도 미국 땅에서처럼 자유로이 활동할 수 있도록 미국의 제도를 한국에 이식하고 있습니다.

이 양해서는 소비자들의 실제적인 구매활동에 영향을 주는 식품표시제에 관한 한국의 법률·규제는 미국이 '예측할 수 있는' 것이어야 한다고 규정했습니다. 이로써 세계적인 흐름에서 동떨어져 유전자조작식품 표시의무제를 한사코 거부하고 있는 미국이, 한국의 표시제에도 사전적인 영향력을 행사할 근거가 만들어졌습니다.

미국이 한미FTA에서 '위생검역위원회'와 '기술장벽위원회'의 설치를 제도화한 것도, 한국의 농업·식품체계를 미국식으로 바꾸기 위해서입니다. 미국이 한국의 위생검역조치가 미국식으로 되도록 만드는 데에 집착하는 것은 위생검역조치가 농업의 장래를 좌우하기 때문입니다. 미국산 쇠고기 광우병 검역에 대한 한국의 검역조치의 자율성을 미국이 저토록 집요하게 공격하는 것도 그것이 단지 쇠고기에 국한된 문제가 아니기 때문입니다.

미국은 닭 등 가금류 독감 검역에서도, 미국산 가금육을 대상으로 한 일괄 검역 대신, 가금류 독감이 발생하지 않은 주(州)는 발생 지역과 구분해서 대우해주는, 이른바 '지역화' 방식을 관철시켰습니다(8.1조 3항 사목). 이 조항에는 "가금육 및 가공계란 제품 연례 기술협의에 관한 진전사항을 포함하여"라는 표현이 있습니다. 바로 여기서의 '진전사항'이란, 〈동물건강 및 축산물 위생조치에 관한 양해서〉라는 또다른 양해서에서 한국이 미국에게 합의해준 내용인데, 바로 이 양해서에 가금류 독감의 '지역화 인정'이 명시되어 있습니다. 따라서 결국, 가령 미국 델라웨어주(州)에서 가금류 독감이 발생했다는 이유만으로 미국 전역의 닭고기에 대해 검역조치를 취해서는 안됩니다. 다른 주(州)의 닭고기는 검역 없이 수입해주어야 합니다.

한미FTA의 목적은 유전자조작식품의 수입 승인 및 표시제, 위생검역조치, 유기농식품의 인증 기준 등, 한국의 농업과 식료체계를 미국식으로 바꾸는 것입니다. 미국 농업을 봅시다. 미국식 공장형 축산은 미국 축산업의 경쟁력의 원천인 동시에 가장 취약한 지점입니다. 미국에서 광우병이 발생한 것은 송아지에게 소의 피와 분유로 만든 영양제를 먹이고, 동물 육골분 사료를 먹이는 공장형 축산의 결과입니다. 미국의 축산은 식품 안전과 위생검역에 매우 취약하면서 민감합니다. 유럽은 미국 쇠고기의 수입을 성장호르몬 사용을 이유로 금지했습니다. 미국이 그토록 광우병 검역, 가금류 독감 검역, 유전자조작 농산물 검역 등 제도적 틀에 대해서 집요하게 파고드는 것은, 미국 농업이 자유로이 활동할 수 있는 식품체계를 한국 땅에 만들기 위해서입니다.

불공정한 경쟁

한미FTA는 공정하지 않습니다. 이 협정에서 한국은 미국산 옥수수에 대한 관세를 7년에 걸쳐서 폐지하기로 했습니다(부속서 2-B). 이에 따라, 향후 7년간 해마다 미국산 옥수수에 대한 일반관세율이 45퍼센트포인트씩 낮아집니다. 반면 미국산 옥수수와 경쟁하는 중국산 옥수수에는 여전히 328퍼센트의 일반관세율이 부과됩니다. 한중 자유무역협정이 당분간 체결되지 않는다면, 7년 후에는 미국산 옥수수는 무관세인 반면에 중국산 옥수수에는 328퍼센트의 관세가 부과됩니다. 이러한 것을 '공정'한 경쟁을 특징으로 한다는 '자유무역'이라고 부를 수는 없습니다.

한미 자유무역협정은 '자유무역'이 아닙니다. 세계무역기구 질서에 대한 침해입니다. 세계 4위의 거대 농산물·식품시장인 한국에서 맞부딪고 있는 미국 농업과 중국 농업의 경쟁에서, 미국의 이익을 보장하는 불공정 장치입니다.

농업 3대 조치

① 농업과 연계된 식품체계

농업이 활력을 갖는 것이 국민경제에서 매우 중요합니다. 농업과 지역, 농업과 식품산업의 연계를 회복해야 합니다. IMF사태 이후 15년 동안, 우리의 불안과 좌절의 중요한 원인 중의 하나는 국민경제에서 농업의 활력이 현저히 위축되어온 데에 있

습니다. 농업의 좌절은 농촌지역과 전후방 연관 산업 쇠퇴의
원인이 됩니다. 이것은 가장 기초적인 내수시장의 지속적인 침
체를 의미합니다.

농업은 국민경제의 지리적 구성 요소인 국토를 가장 일차적
이며 직접적인 방식으로 활용하여 부가가치를 창조합니다. 국
민경제의 가장 근원적인 모습입니다. 농업생산 활동에는 종자,
농기계, 비료와 같은 농업 혹은 농업 외적인 경제활동이 뒤따
라주어야 합니다. 그리고 농업생산 이후의 단계에서도 식품산
업, 외식산업 등의 활동이 따릅니다. 이처럼 농업은 부가가치
율이 높을 뿐 아니라, 전후방 연관 산업을 광범위하게 거느립
니다. 국토를 최적으로 활용하는 기본적 산업이며, 지역사회의
기반입니다. 그러므로 농업 안에서 일어나는 혁신과 활력은 국
민경제에 광범위한 효과를 줍니다. 그래서 오늘날 선진국이라
불리는 나라들은 국민경제의 10퍼센트 정도가 농업 및 그 전후
방 연관 산업으로 이루어져 있습니다. 그리고 이 체계가 국민
경제의 중요한 기초 또는 든든한 버팀목 역할을 합니다.

우리 농업은 규모는 작지만 섬세합니다. 그러므로 건강과 안
전을 가장 우선시하는 오늘날의 소비자를 배려할 수 있습니다.
우리 농업에는 수천 년 동안 생태계의 지속성을 유지하는 방식
으로 농업을 발달시켜온 지식과 지혜가 깃들어 있습니다. 이러
한 한국 농업을 담을 수 있고, 농업과 연계된 식품체계가 현재
우리 농업에 가장 필요합니다. 농업의 특성과 장점을 반영해서
움직이는 식품체계를 만들어서, 잘 관리하고 유지하는 것이 제

일 중요합니다.

식품체계란 농촌의 농장과 도시민의 밥상을 이어주는 사회적 제도입니다. 이것을 잘 설계하고 섬세하게 관리해야 도시민의 식생활과 농민의 생업이 서로 밀접히 연결되어 돌아갈 수 있습니다. 예를 들면 학교급식입니다. 미래의 주인공인 아이들에게 무엇을 어떻게 먹일 것인지 그리고 그 먹을거리를 어떻게 조달할 것인지 그 틀이 필요합니다. 바로 이런 것이 농업과 연계된 식품체계입니다. 어떻게 하면 도시민이 외국산 수입 주정으로 만든 소주 대신 한국의 자연과 지역에서 만드는 술을 소비할 수 있도록 할 것인가의 문제도 식품체계의 문제입니다. 어떻게 하면 농가들이 도시 식품회사가 요구하는 수준과 수량의 농산물을 잘 공급할 수 있도록 할 것인가도 식품체계의 중요한 내용입니다. 밥과 국과 반찬으로 된 한 끼 식사의 값이 '스타벅스' 커피 한 잔의 값보다 싼 구조를 바꾸는 것이 식품체계를 세우는 일입니다. 커피를 대신할 차를 어떻게 공급할 수 있을까도 식품체계입니다. 쌀로 만든 떡이 밀가루로 만든 빵에 못지않은 관심과 대우를 받을 수 있도록 하는 것도 식품체계입니다.

농민이 생산한 재료를 가지고 직접 조리를 하여 음식을 만드는 학교 조리사가 주도적으로 일할 수 있게 하는 것이 농업과 연계된 식품체계입니다. 가공식품 대신 더 많은 야채와 과일과 밥과 반찬을 아이들에게 먹일 수 있도록, 조리사에게 영양사의 급식 식단표를 품평할 권리와 영양사와 대등하게 식재료를 검수하고 선택할 권리를 주는 것도 농업과 연계된 식품체계의 필수 요소입니다.

새로운 식품체계에서는 식품체계를 주도할 자유를 농민에게 보장할 것입니다. 농산물의 효능 및 효과를 소비자에게 알렸다는 이유로 농민들이 처벌을 받는 일이 계속되고 있습니다. 2007년 5월에도 체중 감소 '다이어트용' 쌀 광고에 대해서 농민이 유죄판결을 받았습니다. 농촌진흥청은 체중 감소 '다이어트용' 쌀로 '고아미 2호'라는 품종을 개발하였고, 임상시험 결과 고혈압과 당뇨병 환자의 식이요법에 도움이 큰 것으로 확인되었습니다. 그러자 농민들은 자신들의 인터넷 홈페이지를 통해 이 쌀을 팔면서, 당뇨병과 고혈압 환자에게 월등한 효과를 보이고 있다고 제품 설명을 했고, 바로 그 문안 때문에 검찰에 의해 기소되어, 유죄판결을 받았습니다.[51] 한국의 식품위생법과 건강기능식품법이 그렇게 되어있는 탓입니다. 의약품인 양하여 소비자가 오인하게 한다는 이유입니다. 이렇게 농업을 구속해서는 우리 농업이 활력을 가질 수 없습니다. 반면 미국이나 유럽연합 그리고 국제식품법위원회(코덱스)는 과학적인 근거가 있는 한, 농산물일지라도 자유롭게 그 효능 및 효과를 표시하고 광고할 수 있도록 하고 있습니다.

지역의 농민들이, 농업과 지역의 연계를 잇고자 지역 학교급식에 지역 농산물을 우선 사용하는 방향으로 예산을 지원하도록 하는 내용의 학교급식조례 제정 운동에 나서자, 중앙정부가 나서서 대법원에 이 조례를 제소하는 나라가 바로 한국입니다.

농협 조합원 총회와 이사회의 결의사항을, 농림부장관이 부당하다고 전부 취소할 수 있게 하는 법도 존재합니다. 이제 농민이 주도하는 식품체계를 농업에 제공해야 합니다. 그래야 지역이 살며, 우리의 삶이 건강하고 아름다울 수 있습니다.

② 불공정 농업개방 중단

한국 농업과 미국 농업에는 세 가지의 차이가 존재합니다. 하나는 자연환경적 차이로서, 농지 면적의 차이입니다. 미국의 농가당 농지는 평균 100헥타르가 넘습니다. 한국은 1.5헥타르입니다. 제도적 차이도 큽니다. 미국은 법률 조항에서 '융자 단가'라고 하는 농산물 최저가격을 직접 정하고 있는 나라입니다. 미국의 현행 2008년 농업법 1202조, 1104조, 1103조 등에서 여러 농산물 가격들의 숫자를 직접 읽어보시기 바랍니다(미의회 도서관의 해당 인터넷주소[52]를 안내해두었습니다). 미국은 1933년에 제정한 농업조정법 이래 지금까지 약 80년 동안 농산물 가격을 법으로 정해왔습니다.

심각한 차이는 사람입니다. 저는 과거 한국의 국가 동원 경제개발이 저지른 가장 큰 잘못은, 바로 농업 담당 세력을 압박한 것이라고 생각합니다. 공업화·도시화 과정에서의 이농(離農)만을 가리키는 것이 아닙니다. 농촌지역에 남아있는 농민들에 대한 국가의 철저한 지배를 말하는 것입니다. 정부 권장 '통일벼' 품종이 아닌 각지 전래의 벼 종자의 다양성이 사실상 완전히 해체될 정도로, 농민들의 종자 선택권은 극심한 제약을 당했습니다. 당시에는 '유기농업'을 실천했던 선각자들이 '빨갱이'로 몰리기도 할 정도였으니까요. 그 결과 농사에 뜻있는 사람들도 농촌을 떠났습니다.

이런 조건에서 미국 농업과 경쟁하라는 것은 불공정합니다. 미국 농업 앞에 한국 농업은 무너질 것입니다. 농업을 한미FTA에서 제외시켜야 합니다. 이 협정이 발효된 지 반년밖에 안되었지만, 한국 농가의 평균 소득이 2012년에 처음으로 도시민의 60퍼센트 아래가 되었습니다. 농가 평균 실질소득은 IMF 사태 직전인 1996년의 수준을 회복하지 못하였습니다. 평균 실질 농업소득은 계속 떨어져 이제 1983년도의 수준과 같습니다. 즉 우리 농업은 30년 전으로 돌아갔습니다.[53] 지금껏 이런 일이 없었습니다.

불공정한 농업 개방은 1995년 세계무역기구 가입에서 시작했습니다. 이후 한국 농가의 평균 실질소득은 더이상 늘지 않았습니다. 정부의 농업 개방 대책들은 실패했습니다. 한미FTA에 대한 농업대책이란 것도 이미 실패한 대책을 되풀이하는 것입니다. 불공정하고, 대책도 없는 농산물 관세철폐를 중단해야 합니다. 한미FTA에서 농업을 제외해야 합니다.

③ 농업기본소득제[54]

급격히 무너지는 농가의 허리를 받쳐주지 않으면 안될 비상한 상황입니다. 농가가 소득을 얻지 못하면 농업을 유지할 수 없습니다. 그래서 농업기본소득제를 도입해서, 농가가 성실하게 농사를 지으면 생계를 유지할 수 있도록 해주어야 합니다. 농업기본소득제는, 농가가 농업 환경을 보존하는 친환경농업을 하며, 안전한 식품을 국민에게 공급할 것을 조건으로 농가의 영농비와 가족 수를 고려하여 기본소득을 보장하는 것입니다.

미국이 1933년에 농산물 신용공사를 만들어, 장차 농가가 수확할 농산물을 담보로 하여 씨앗을 뿌리기 전에 농가에게 농자금을 대출해주는 제도를 시행한 것과 비슷합니다. 이 제도를 통해서 미국 농민들은 수확기의 시장가격이 좋으면 농산물을 시장에 팔아서 국가 대출금을 갚고, 만일 시세가 나쁘면 농산물을 그대로 국가에 넘기는 방법으로 기본소득을 보장받았습니다. 그때부터 미국은 밀, 쌀, 돼지, 우유 등 7가지를 기초 농산물로 지정해서 이런 제도를 통해 농가의 기본소득을 보장했습니다.

한국이 시행해야 할 농업기본소득제는 공정한 사회계약입니다. 실제로 농사를 짓는 소농에게 이익이 골고루 돌아갈 것입니다. 농가는 자신의 농사 계획을 농협과 면사무소에 제출합니다. 그러면 농가에 필요한 영농자금 규모와 예상 수확량이 나옵니다. 이 예상 수확량을 담보로 잡고 농가의 가족 수도 고려하여 책정한 영농자금을 농가에 대출해줍니다. 이 과정에서 국내 수요에 비해 과잉생산이 되지 않도록 농협이 역할을 하여 적정 생산을 도모합니다. 이것이 진정한 농협의 기능입니다. 수확이 되면 농가는 영농자금을 돈이나 현물로 상환합니다. 이 제도에 참여하는 농가들은 지역의 농업 자연환경을 잘 돌보고 국민에게 안전한 먹을거리를 제공한다는 약속을 지켜야 합니다.

농업기본소득제는 한국민의 국민건강보건 정책과 긴밀히 연계해서 추진해야 합니다. 어떠한 식생활이 국민건강에 유익한지에 관한 체계적 자료를 축적해서 이에 필요한 식품을 국내 농업이 공급하는 방향으로 구성될 것입니다. 그러므로 이미 기업화된 공장식 축산 대신, 소규모 축산과 작물 재배를 같이 하는 순환형 소농이, 농업기본소득제의 주된 참여자가 될 것입니다. 또한 한국 농업의 특성을 반영해서 고장 농업, 마을 농업을 바탕으로 해서 추진할 것입니다. 고장과 마을의 농민들이 지역의 농업자원을 함께 돌보고 가꾸는 것이, 농업 재생의 핵심입니다.

조화로운 욕망을 위하여

지금 행복하십니까? IMF사태가 한국인에게 남긴 가장 큰 상처는, '타인과 더불어 살아가는 공동체 생활'을 더이상 신뢰하지 못하게 된 것이라고 저는 생각합니다. 과거 국가 동원 경제개발 시기에 한국인이 그토록 열심히 은행에 저축을 하지 않았다면, 은행들은 '경제개발 5개년 계획'에 필요한 자본의 상당 부분을 기업에 제공할 수 없었을 것입니다. 그리고 만일 은행이 철저히 영리의 원리로 움직였다면 국민경제에 필요한 장기적 투자는 실현되기 어려웠을 것입니다. '한강의 기적'의 바탕에는, 개인들의 욕망에 대한 '국민경제적 조절'이 있었던 것입니다.

만일 IMF사태가 없었다면 우리는 보다 더 자유롭되 조화롭게 '욕망'하였을 것입니다. 우리는 안전과 포만과 번식을 즐기면서, 자연이 주는 평안과 노동에 대해 감사하며 지역사회에

담긴 전통과 다양성을 기대할 수 있었을 것입니다. 이것은 헛된 상상, 유토피아 같은 이야기가 아닙니다. 어떤 높은 수준의 도덕국가를 상정하는 것도 아닙니다. 오히려 정부의 〈비전 2030〉이 2030년 한국의 달성 목표로서 제시했던, 2005년의 스위스 정도와 같은 현실세계를 말합니다. 그러나 IMF는 우리의 욕망을 폭력적으로 분출시켰습니다. 우리는 '국민경제'로부터 보다 자유로워졌고, 개인의 재산권을 지키기 위해 훨씬 격렬하게 서로 대립하게 되었습니다. 한국사회는 거대한 욕망의 충돌의 장이 되었습니다.

하지만 우리의 욕망이라는 것도 살펴보면, 국민경제라는 조절장치가 사라진, 낯선 새 사회가 주는 불안과 좌절의 또다른 얼굴에 지나지 않습니다. 수많은 사람들이 중산층에서 탈락하고, 이들은 원래의 자리를 회복하지 못합니다. 그리고 한국인은 국민경제라는 이름으로 서로를 동일시해온 것이 얼마나 허위였는가를 발견하게 되었습니다. 노동자는 정규직과 비정규직으로 나뉘어 있습니다. 서울은 강남과 강북으로 나뉩니다. 국토는 수도권과 비수도권으로 나뉩니다. 한국인은 언제라도 극복할 수 있다고 여겼던 격차가 이제는 건널 수 없는 거대한 장벽이 되었음을 발견하였습니다. 오늘날 한국인의 욕망의 대부분은 불안과 좌절의 표현입니다. 한국인은 자신의 자녀가 중산층 지위를 획득할 수 있을지에 대한 불안에서 벗어날 수 없습니다. 경쟁에서 탈락하지 않기 위해서 자신의 가족을 지켜줄 물질과 자녀 교육에 대한 욕망이 다른 모든 욕망을 사로잡았습니다. 우리는 아이들의 '탈락'이 두려워, 아이들에게 고난의 행군을 강요합니다.

한미FTA는 바로 그 IMF 이후 한국에 성립된 기득권을 법제화하여 강고히 지킵니다. 거역할 수 없게 제도로 만드는 것입니다. 우리는 국가가 모든 지원을 총동원하여 '경제개발'을 하던 극단으로부터, 국가가 철저히 공익적 역할로부터 도피하고 패퇴하는 또다른 극단으로 모질게 이동을 당했습니다. 과거에 '모두의 자유'를 위한다면서 '모두를 부자유'하게 했던 국가는, 이제 '재산권의 자유'만을 극단적으로 옹호하겠다고 선언했습니다. 이게 바로 한미FTA입니다.

독자들 가운데는 한미FTA가 추구하는 재산권의 절대적 보호를 옹호하는 분도 적지 않을 것입니다. 그러나 다수의 불안과 좌절에 둘러싸여 있는 소수의 행복이란, 그 토대가 지극히 허약한 것입니다. 그것을 지키자면 점점 더더욱 강력한 장치를 불러야만 하게 될 것입니다. 저는 예상하건대, 한미FTA 발효 다음 단계로 '행복한 소수'들은 한국의 헌법 개정을 요구할 것입니다. 우리 헌법에 있는 경제민주화 조항과 재산권의 사회적 의무성 조항의 폐지를 요구할 것입니다. 그리고 보다 강력한 법질서를 요구할 것입니다. 담을 더 높게 쌓으려고 할 것입니다. 아무도 그들의 담장 안을 엿보거나 넘보지 못하도록 하려고 들 것입니다.

이런 사회를 보기 위해서 한국인이 달려왔던 것은 아닙니다. 우리가 원했던 한국은 노비문서는 소각할 것, 청춘과부는 개가를 허락할 것, 고리대 수탈을 금지할 것 그리고 토지는 평균으로 분작시킬 것을 요구했던 동학농민군의 세상이었습니다. 그리고 유길준이 《서유견문》에서 말했던 "법률과 권리가 인간세상의 보편적인 이익을 위하여 평등하고도 어느 한쪽으로 치우치지 않"는 세상이었다고 저는 생각합니다. 그리고 백범 김구가 《백범일지》에서 제시하였던 '이웃을 위한 개인의 자유'라고 생각합니다. 더불어 사는 삶의 조건과 개인의 욕망이 조화를 이루는 사회 그리고 자연과 인간이 공존하며, 자연이 주는 평화를 보통사람들도 누리는 삶이야말로 한국인의 오랜 열망이었습니다.

IMF사태로 좌절된 그 열망의 기억이 아직은 우리의 심장과 더운 피에 남아있습니다. 그래서 지금 경제민주화를 하기 위해 한미FTA를 고쳐야 합니다. 여기에는 끈기와 지혜가 필요합니다. 이 협정이 이미 발효된 현실을 고려해서 그 영향을 지속적으로 모니터해서 무슨 일이 일어났는지를 알아야 합니다. 또 정부는 국민에게 끊임없이 사실을 알리고 소통해야 합니다. 국민의 동의를 얻어서 이 협정을 고쳐야 합니다. 이것이 한국인의 오랜 열망을 실현하는 길입니다.

주석

1. M. Sornarajah(2004), *The International Law on Foreign Investment*, p. 289

2. 영국-모로코 투자협정 7조

3. 아시아 투자지역협정 15조, 한국-싱가포르 FTA 10.12조

4. 칠레-한국 FTA 10.12조, 칠레-캐나다 FTA 부속서 G-09.1(1), 칠레-멕시코 FTA 부속서 9-10

5. 미-칠레 FTA 부속서 10-C

한편 미국-싱가포르 FTA에서의 세이프가드 조항은 다음과 같음.

① 투자자가 싱가포르의 대외 송금 제한조치가 FTA의 투자자 대우 기준을 어겼다는 이유로 싱가포르를 국제중재에 회부하는 것은, 싱가포르의 조치가 취해진 때로부터 1년이 지나야 가능하다.

② 만약 투자자가 자신이 투자한 싱가포르 회사를 대리하여 국제중재권을 행사하는 경우, 투자자는 자신의 투자 주식 지분과 관련해서 생긴 손해에 대해서만 그 보상을 구할 수 있다.

③ 위 조항 1, 2에도 불구하고, 투자자는 (i)직접투자에서의 이익금이나 배당금의 송금을 포함하여 경상거래를 위한 송금 제한조치, (ii)금융시장에 직·간접적으로 진입하기 위한 경우를 제외한 직접투자에서의 수익에 대한 송금 제한조치, 혹은 (iii)은행 간 대출과 관련된 자본금 계정 이체를 제외하고, 약정 만기 상환일에서의 대출금·회사채 상환을 위한 것으로서의 대출금·회사채 상환에 대한 송금 제한조치 등에 대해서는, 위 조항 1, 2의 적용을 받지 아니한다.

④ 조항 3에 열거된 제한조치를 제외하고는, 싱가포르는 제한조치를 취한 때로부터 1년 안의 기간에 그 제한 조치로 인해 발생한 투자자의 손해에 대해서는 그 제한조치가 다음과 같은 상당한 방해 행위의 부존재 요건을 갖출 경우에는 책임을 지지 아니하며, 국제중재에 회부되지 아니한다.

　ㅇ 내국민 대우를 할 것

○ 몰수적이지 아니할 것

○ 합리적인 투자자라면 대외 송금을 할 수 있을 것(※예컨대 송금에 대한 허가제, 특별 조세 부과 등 – 저자 주)

○ 제한을 받는 자산을 투자자가 싱가포르에서 운용하여 시장수익률 상당의 이득을 볼 능력을 달리 방해하지 않을 것. 비록 허가받는 경우에만 대외 송금을 하도록 하는 제한조치라도 그 허가 절차가 객관적이고 투명한 규칙에 따라 이루어지고, 투자자가 다른 가격 메커니즘을 통해서 송금을 할 수 있는 대안이 있는 경우에는 이 요건 위반으로 되지 않는다.

⑤ 싱가포르가 위 요건의 충족을 한 것으로 판단된 경우, 투자자는 자신의 투자 자산의 가치 감소가 싱가포르의 제한조치로 인한 것이었음을 입증할 책임이 있다.

만약 싱가포르의 제한조치가 위 요건을 충족하지 못하였을 경우라도 이것은 투자자가 시장수익률 상당의 이득을 누리는 것을 방해하는 것이 아니므로, 투자자는 발생 손해가 줄어들도록 투자 자산을 운용할 의무가 있고 따라서 싱가포르는 투자자가 달리 자산을 운용해서 벌 수 있었던 '기회비용'에 대해서는 보상할 의무가 없다. 또한 싱가포르가 제한조치를 취한 첫 1년간의 기간에 투자자에게 싱가포르 통화로 표시된 다른 대체 자산에 투자하도록 기회를 제공하였을 경우에는, 이 대체 투자에서 생긴 기회비용에 대해서는 싱가포르가 보상할 필요가 없다(부속서 15A 및 2003년 5월 6일자 교환서한).

6. 헌법재판소 2003년 11월 27일자 선고 2001 헌바 5 결정

7. 2003년 7월 17일자 판정문 48항, 51항

8. 지속가능발전국제연구소(IISD)의 2005년 1월 10일자 Investment Law and Policy News Bulletin 참조.

9. 헌법재판소 2002년 10월 31일자 선고 99 헌바 76 결정

10. 국제투자분쟁처리센터 설립 조약 42조 1항

11. 판정문 400~402항

12. 2003년 5월 29일자 판정문 116항, 119항, 120항

13. 2002년 10월 11일자 판정문 116항

14. 관할권 판정문 92항

15. 판정문 178항

16. 장승화(2001), 《양자간 투자협정 연구》, p. 80

17. 지멘스 사건 판정문 290항, 에스지에스 사건 판정문 116항

18. 판정문 50항

19. 2001년 4월 10일자 판정문 181항

20. 2001년 9월 13일자 일부 쟁점 판정문 614항

21. 판정문 76항

22. 판정문 132항

23. 서울남부지방법원 2012년 8월 2일자 선고 2012과 977 결정

24. 판정문 183항

25. M. Sornarajah(2004), *The International Law on Foreign Investment*, p. 289

26. 한찬식·이원희·유영준(2003), 《한일 투자협정 해설》, p. 106

27. 일본 – 말레이시아 경제연대협정 75.2조, 85.17조

28. L.E.S.I. Spa, ASTALDI Spa v. Algeria 사건

29. 1999년 5월 24일자 관할권 판정문 91항

30. 대법원 2009년 1월 30일자 선고 2008 두 17936 판결

31. 1989년 ELSI 사건, M. Sornarajah(2004), *The International Law on Foreign Investment*, p. 253에서 인용. 독일인 투자자가 중국법에 따른 행정 재심 절차를 3개월 동안 거친 경우에만, 그리고 만일 중국 법정에 제소된 분쟁일 경우에는 중국법에 따라 투자자가 소를 취하할 수 있는 경우에만 국제중재에 회부할 수 있도록 한 중국-독일 투자협정 프로토콜 6조 참조.

32. 뉴질랜드-태국FTA 부속서 A의 7항, 캐나다-아르헨티나 투자협정 X(4)조

33. 캐나다-아르헨티나 투자협정 X(1)조, X(2)조

34. G. C. Hufbauer & J. J. Schott(2005), *NAFTA Revisited*, p. 210

35. 헌법재판소 1989년 12월 22일자 선고 88 헌가 13 결정,
2005년 9월 29일자 선고 2002 헌바 84·89, 2003 헌마 678·943(병합) 결정

36. 헌법재판소 1999년 10월 21일자 선고 97 헌바 26 결정

37. 헌법재판소 2005년 9월 29일자 선고 2002 헌바 84·89, 2003 헌마 678·943(병합) 결정

38. 대법원 2004년 9월 23일자 선고 2004 다 25581 판결

39. 김민호(2007), 〈간접수용 법리의 합헌성 연구〉(《저스티스》 2007/2) 참조.

40. 이 사건은 뉴욕시가 1965년, 역사 유적 건축물 법률을 제정한 데에서 비롯했습니다. 이 법률에 따르면 뉴욕시는 보존가치가 있는 건축물을 유적으로 지정할 수 있습니다. 유적으로 지정되면 해당 건물의 소유주는 건물을 잘 관리해야 하며, 건물의 외형을 변경하고자 할 때에는 사전에 뉴욕시의 허가를 받아야 합니다. 뉴욕시는 이 법률에 따라 1913년에 건축된 펜 센트럴 역사(驛舍)를 유적 건축물로 지정했습니다. 추후에 이 건물의 소유자가 건물 위로 50층의 현대식 고층건물을 증축하겠다고 뉴욕시에 허가를 신청했는데, 뉴욕시는 이 법률을 근거로 허가를 거부했습니다. 그러자 건물 소유자가 뉴욕시를 상대로 소를 제기했습니다.

41. 미국 통상법 2102(b)(3)(D)조

42. M. Sornarajah(2004), *The International Law on Foreign Investment*, p. 354

43. 《한국의 투자협정 해설서》, 234쪽

44. J. Paulsson & Z. Douglas(2004), "Indirect Expropriation in Investment Treaty Arbitration", N. Horn(ed), *Arbitration Foreign Investment Disputes: Procedural and Substantive Legal Aspects*, pp. 155~156

45. 유코스(Yukos) 사건은, 러시아의 최대 석유회사사인 유코스에 투자한 스페인 투자자들이 러시아를 상대로 제기한 국제중재입니다. 중재부는 러시아가 유코스에 세금을 추징한 것이 성실한 조세 행정이 아니라 자의적이

고 차별적이며, 이는 투자에 대한 수용에 해당한다고 판정했습니다.

46. 2001년 9월 13일자 일부 쟁점 판정문 10항, 457항, 484항, 485항, 505항, 564항, 567항, 607항

47. 2002년 4월 12일자 판정문 107항

48. 2003년 5월 29일자 판정문 99항, 116항, 117항, 132항

49. 허경준 옮김(2004), 《서유견문》, 서해문집

50. 헌법재판소 1989년 12월 22일자 선고 88 헌가 13 결정

51. 수원지방법원 제3형사부 2007년 5월 1일자 선고 2007 노 101 판결

52. http://www.usda.gov/documents/Bill_6124.pdf

53. 이태호 교수(서울대)의, 〈농가의 계층분화와 소득정책 방향〉에 나온 통계에 따랐습니다.

54. 농업기본소득제 개념은 김종철 《녹색평론》 발행인의 구상에 크게 의지했습니다.

초판 저자 후기

한미FTA 협정문이 공개되던 2007년 5월 25일, 저는 제주도에서 가족과 같이 있었습니다. 어머님의 팔순을 기념하는 가족여행 중이었습니다. 어머님과 형님, 형수님을 비롯해, 칠남매 식구들이 함께 모인 자리였습니다. 팔순도 감사했고, 당신께서 병상을 털고 일어난 직후라 더욱 뜻깊은 시간이었습니다. 40인승 대형버스를 전세 내어 제주도의 바다와 경치를 사흘 동안 돌아보았습니다. 그리고 제주를 떠나 네 시간가량 페리호를 타고 고향에 이르렀습니다. 하룻밤을 묵은 뒤, 어머님께 작별인사를 드리고 6시간 정도 기차를 타고 서울에 왔습니다.

한국의 여느 가정과 집안이 그랬듯이, 일제강점기와 미군정, 분단과 전쟁 그리고 경제개발계획 동원은 저희 집안을 피해가지 않았습니다. 하지만 그 시련을 힘들게 감당하면서 새로운 출발을 잉태해야 하는 숙제는 남자들보다는 여성들에게 돌아갔습니다. 그 시대의 보통의 어머니들이 다 그러했다고 생각합니다. 이제는 뼈만 앙상히 남은 늙은 어머니들의 육체이지만, 그 몸에서 나온 젖과 땀이 오늘의 밑거름이 되었습니다. 그리고 그 육신들은 이제 우리에게 '바통'을 넘겨주고, 이 땅을 떠나려 하고 있습니다.

어머님께 하직인사를 드린 후 기차역으로 나가 플랫폼에서 아이들의 손을 꼭 잡고 서울행 기차를 기다리고 있었습니다. 일행을 태우려고 멀리서 달려오는 기차를 보면서, 우리세대가 우리 아이들의 손을 잡고 데리고 가려는 목적지는 어디일까 하는 생각을 했습니다. 어머니들은 우리를 지금 이곳까지 데려다 주었습니다. 우리는 아이들을 지금 어디로 데리고 가고 있는 것일까요?

만일 제가 결정할 수 있다면, 저는 한미FTA를 우리 아이들에게 물려주지 않겠습니다. 그것은 어머니들의 정직한 육체에 대한 배반입니다. 우리 어머니들은 누구들처럼 남의 땅과 목숨을 빼앗아 자기 땅이라며 울타리를 치고 총을 들고 지키는, 그런 식으로 살지 않았습니다. 자기 '소유 재산'과 자신의 '자유'가 세상의 그 모든 것보다 더 귀하다고 생각하지 않았습니다. 각자의 욕망을 절대화함으로써, 더 행복하고 더 자유로울 수 있다고 생각하지도 않았습니다.

우리의 육체도 언젠가 어머니들의 육체가 갔던 길을 뒤따라 갈 것입니다. 그러나 우리가 잘못 들여놓은 제도와 법은, 무덤으로 가는 길에 우리와 동행하지 않습니다. 한미FTA 협정문 24개 장, 1,171페이지는 실은 우리 아이들의 것입니다.

기차가 용산역에 도착하였을 때, 저는 아이들을 익숙한 일상의 세계로 서둘러 떠밀었습니다. 그리고 조바심을 내며 한미 FTA 협정문을 읽었습니다. 꿈속에서도 보았습니다. 저는 작년에 이 협정이 잘되기를 바라면서, 그 성공의 조건을 《한미FTA의 마지노선》이라는 책에 담았습니다. 법률시장의 조속한 개방을 주장했습니다. 그러나 지금 이 협정문을 거듭해서 읽으면 읽을수록, 이런 법은 우리 아이들에게 물려줄 수 없다고 생각합니다. 이미 충분히 많이 가진 자들이 가난한 자들의 피난처와 근거지마저 넘겨달라고 하는 그런 세상에서 우리 아이들이 행복할 것으로 생각하지 않습니다. 아마 우리의 어머니들도 그렇게 생각할 것입니다. 왜냐하면 그분들은 비록 육체가 어디에 있든지 간에 언제나 우리를 진심으로 사랑하시기 때문입니다.

2007년 6월
저자 송기호

초판 감사의 말

저는 이 책을 쓰면서, 여러 분들의 연구와 토론에서 많은 도움을 받았습니다.

의사이면서 '보건의료단체연합' 정책실장을 맡고 있는 우석균 씨와 '국민건강을위한수의사연대' 편집국장인 박상표 수의사는 여러 차례의 대화에서 제네릭 약품, 국민건강보험제도, 광우병 검역 등에서 유익한 지식을 주었습니다. 정태인 전 청와대국민경제비서관의 설명과 관점은 저자의 좁은 시야를 넓혀주었습니다. 의약품 특허권을 비롯한 지적재산권 분야에서는 남희섭 변리사와의 대화가 많은 도움이 되었습니다.

백승헌 변호사, 유남영 변호사, 송호창 변호사, 이찬진 변호사, 박주민 변호사, 권영국 변호사, 정석윤 변호사, 서상범 변호사, 김행선 변호사 등 '민주사회를위한변호사모임' 소속의 여러 변호사들은 정기적인 토론을 통해서 필자가 여러 세부 분야를 이해하는 데에 도움을 주었습니다. 이명헌 변호사는 특허법 전반에 대한 이해를 도와주었습니다.

임재홍 영남대 교수, 김종서 배재대 교수, 김명연 상지대 교수, 한상희 건국대 교수, 오동석 아주대 교수, 박승룡 방송대 교수, 조임영 배재대 교수 등 '민주주의법학연구회'의 여러 교수님들의 연구와 그분들과의 토론에서 투자자의 국가 중재 회부권에 대한 유익한 관점을 얻었습니다.

이병천 강원대 교수, 최태욱 한림국제대학원대학교 교수, 이해영 한신대 교수, 유종일 한국개발연구원 교수, 최병일 이화여대 교수, 최원목 이화여대 교수, 정인교 인하대 교수, 우석훈 금융경제연구소 연구위원, 홍기빈 박사의 연구는 한미FTA를 바라보는 다양한 관점에서 유익했습니다.

그리고 국제중재 및 세계무역기구의 판례를 읽고 평석하면서, 검토 대상 판례의 선정은 소르나라자흐 교수의 *The International Law on Foreign Investment* (해외투자국제법), 혼 교수가 편집한 *Arbitration Foreign Investment Disputes : Procedural and Substantive Legal Aspects* (해외투자분쟁 중재 : 절차법적 및 실체법적 쟁점) 그리고 마쓰시타 교수 공저 *The World Trade Organization : Law, Practice and Policy* (세계무역기구 : 법, 운용 그리고 정책)에 의지하였습니다.

2007년 6월

저자 송기호

제11장 투자

제1절 투자

제11.1조 적용범위

1. 이 장은 다음에 관하여 당사국이 채택하거나 유지하는 조치에 적용된다.

　가. 다른 쪽 당사국의 투자자

　나. 적용대상투자, 그리고

　다. 제11.8조 및 제11.10조에 대하여, 그 당사국의 영역에 있는 모든 투자

2. 보다 명확히 하기 위하여, 이 장은 이 협정의 발효일 이전에 발생한 행위 또는 사실이나 존재하지 아니하게 된 상황에 관하여 어떠한 당사국도 구속하지 아니한다.

3. 이 장의 목적상, 당사국이 채택하거나 유지하는 조치라 함은 다음을 말한다.

　가. 중앙·지역 또는 지방 정부와 당국이 채택하거나 유지하는 조치 그리고

　나. 중앙·지역 또는 지방 정부나 당국으로부터 위임받은 권한을 행사하여 비정부 기관이 채택하거나 유지하는 조치

제11.2조 다른 장과의 관계

1. 이 장과 다른 장 간에 불합치가 있는 경우, 그 불합치의 한도에서 다른 장이 우선한다.

2. 다른 쪽 당사국의 서비스 공급자가 국경 간 서비스 공급의 조건으로

채권 또는 그 밖의 형태의 재정적 담보를 기탁하여야 한다는 어느 한쪽 당사국의 요건은, 그 자체만으로 이 장이 그러한 국경 간 서비스의 공급에 관하여 그 당사국이 채택하거나 유지하는 조치에 적용 가능하도록 하는 것은 아니다. 이 장은 기탁된 채권 또는 재정적 담보가 적용대상투자가 되는 한도에서, 그 채권 또는 재정적 담보에 관하여 당사국이 채택하거나 유지하는 조치에 대하여 적용된다.

3. 이 장은 제13장(금융서비스)의 적용대상이 되는 한도에서 당사국이 채택하거나 유지하는 조치에 적용되지 아니한다.

제11.3조 내국민 대우

1. 각 당사국은 자국 영역 내 투자의 설립·인수·확장·경영·영업·운영과 매각 또는 그 밖의 처분에 대하여 동종의 상황에서 자국 투자자에게 부여하는 것보다 불리하지 아니한 대우를 다른 쪽 당사국의 투자자에게 부여한다.

2. 각 당사국은 투자의 설립·인수·확장·경영·영업·운영과 매각 또는 그 밖의 처분에 대하여 동종의 상황에서 자국 투자자의 자국 영역 내 투자에 부여하는 것보다 불리하지 아니한 대우를 적용대상투자에 부여한다.

3. 제1항 및 제2항에 따라 당사국이 부여하는 대우라 함은, 지역정부에 대하여는, 동종의 상황에서 그 지역정부가 자신이 일부를 구성하는 당사국의 투자자와 투자자의 투자에 대하여 부여하는 가장 유리한 대우보다 불리하지 아니한 대우를 말한다.

제 11.4 조 최혜국 대우

1. 각 당사국은 자국 영역 내 투자의 설립·인수·확장·경영·영업·운영과 매각 또는 그 밖의 처분에 대하여 동종의 상황에서 비당사국의 투자자에게 부여하는 것보다 불리하지 아니한 대우를 다른 쪽 당사국의 투

자자에게 부여한다.

2. 각 당사국은 투자의 설립·인수·확장·경영·영업·운영과 매각 또는 그 밖의 처분에 대하여 동종의 상황에서 비당사국 투자자의 자국 영역 내 투자에 부여하는 것보다 불리하지 아니한 대우를 적용대상투자에 부여한다.

제11.5조 대우의 최소기준[1]

1. 각 당사국은 공정하고 공평한 대우와 충분한 보호 및 안전을 포함하여, 국제관습법에 따른 대우를 적용대상투자에 부여한다.

2. 보다 명확히 하기 위하여, 제1항은 외국인의 대우에 대한 국제관습법상 최소기준을 적용대상투자에 부여하여야 할 대우의 최소기준으로 규정한다. "공정하고 공평한 대우"와 "충분한 보호 및 안전"이라는 개념은 그러한 기준이 요구하는 것에 추가적인 또는 이를 초과한 대우를 요구하지 아니하며, 추가적인 실질적 권리를 창설하지 아니한다.

　　가. 제1항의 "공정하고 공평한 대우"를 제공할 의무는 세계의 주요 법률체계에 구현된 적법절차의 원칙에 따라 형사·민사 또는 행정적 심판절차에 있어서의 정의를 부인하지 아니할 의무를 포함한다. 그리고

　　나. 제1항의 "충분한 보호 및 안전"을 제공할 의무는 각 당사국이 국제관습법에 따라 요구되는 수준의 경찰보호를 제공하도록 요구한다.

3. 이 협정에 따른 규정 또는 별도의 국제협정에 대한 위반이 있었다는 판정이 이 조에 대한 위반이 있었다는 것을 입증하지는 아니한다.

4. 제11.12조 제5항 나호에도 불구하고, 각 당사국은 전쟁 또는 그 밖의 무력충돌 또는 반란·폭동·소요 또는 그 밖의 내란으로 인하여 자국

---

1) 이 조는 부속서 11-가에 따라 해석된다.

영역 내 투자가 입은 손실에 관하여 자국이 채택하거나 유지하는 조치에 대하여 비차별적인 대우를 다른 쪽 당사국의 투자자와 적용대상투자에 부여한다.

　5. 제4항에도 불구하고, 어느 한쪽 당사국의 투자자가 제4항에 언급된 상황에서 다음의 결과로 다른 쪽 당사국의 영역에서 손실을 입는 경우,

　　　　가. 다른 쪽 당사국의 군대 또는 당국에 의한 적용대상투자 또는 그 일부의 징발, 또는

　　　　나. 상황의 필요상 요구되지 아니하였던 다른 쪽 당사국의 군대 또는 는 당국에 의한 적용대상투자 또는 그 일부의 파괴

다른 쪽 당사국은 그 투자자에게 그러한 손실에 대하여, 각 경우에 맞게, 원상회복, 보상 또는 양자 모두를 제공한다. 모든 보상은 제11.6조 제2항 내지 제11.6조 제4항을 준용하여 신속하고 적절하며 효과적이어야 한다.

　6. 제4항은 제11.12조 제5항 나호가 아니었다면 제11.3조에 불합치하였을 보조금 또는 무상교부에 관한 기존의 조치에 적용되지 아니한다.

제11.6조 수용 및 보상 [2]

　1. 어떠한 당사국도 다음을 제외하고 수용 또는 국유화에 동등한 조치("수용")를 통하여 적용대상투자를 직접적 또는 간접적으로 수용하거나 국유화할 수 없다.

　　　　가. 공공 목적을 위할 것

　　　　나. 비차별적 방식일 것

　　　　다. 신속하고 적절하며 효과적인 보상을 지불할 것, 그리고

　　　　라. 적법절차와 제11.5조 제1항 내지 제3항을 따를 것

　2. 제1항 다호에 규정된 보상은,

---

2) 이 조는 부속서 11-가 및 11-나에 따라 해석한다.

가. 지체 없이 지불되어야 한다.

나. 수용이 발생하기("수용일") 직전의 수용된 투자의 공정한 시장가
   격과 동등하여야 한다.

다. 수용 의도가 미리 알려졌기 때문에 발생하는 가치의 변동을 반
   영하지 아니하여야 한다. 그리고

라. 충분히 실현 가능하고 자유롭게 송금 가능하여야 한다.

3. 공정한 시장가격이 자유사용가능통화로 표시되는 경우, 제1항 다호
에 규정된 보상은 수용일의 공정한 시장가격에 그 통화에 대한 상업적으
로 합리적인 이자율에 따라 수용일부터 지불일까지 발생한 이자를 더한
것보다 적어서는 아니된다.

4. 공정한 시장가격이 자유롭게 사용가능하지 아니한 통화로 표시되는
경우, 제1항 다호에 규정된 지불일에 일반적인 시장환율에 따라 지불통
화로 환산된 보상은 다음을 합한 것보다 적어서는 아니된다.

가. 수용일의 일반적인 시장환율에 따라 자유사용가능통화로 환산
   된 수용일의 공정한 시장가격

나. 그 자유사용가능통화에 대한 상업적으로 합리적인 이자율에 따
   라 수용일부터 지불일까지 발생한 이자

5. 이 조는 무역관련 지적재산권에 관한 협정에 따라 지적재산권과 관
련하여 부여되는 강제실시권의 발동이나 지적재산권의 취소·제한 또는
생성에 적용되지 아니한다. 이는 그러한 발동·취소·제한 또는 생성이
제18장(지적재산권)에 합치하는 것을 한도로 한다.

제11.7조 송금[3]

1. 각 당사국은 적용대상투자에 관한 모든 송금이 자국 영역 내외로 자
유롭고 지체 없이 이루어지도록 허용한다. 그러한 송금은 다음을 포함

---

3) 보다 명확히 하기 위하여, 제11장(투자)의 부속서 11-사는 이 조에 적용된다.

한다.

　　가. 최초 자본기여금을 포함한 자본기여금

　　나. 이윤, 배당, 자본이득 그리고 적용대상투자의 전부 또는 일부의 매각에 따른 대금 또는 적용대상투자의 부분적 또는 완전한 청산에 따른 대금

　　다. 이자, 로열티 지불, 경영지도비 그리고 기술지원 및 그 밖의 비용

　　라. 대부계약을 포함하여, 계약에 따라 이루어진 지불

　　마. 제11.5조 제4항·제11.5조 제5항 및 제11.6조에 따라 이루어진 지불, 그리고

　　바. 분쟁으로부터 발생한 지불

2. 각 당사국은 적용대상투자에 관한 송금이 송금의 시점에서 일반적인 시장환율에 따라 자유사용가능통화로 이루어지도록 허용한다.

3. 각 당사국은 적용대상투자에 관한 현물수익이 당사국과 적용대상투자 또는 다른 쪽 당사국의 투자자 간의 서면 합의에서 승인되거나 명시된 대로 이루어지도록 허용한다.

4. 제1항 내지 제3항에도 불구하고, 당사국은 다음에 관한 자국법의 공평하고 비차별적이며 선의에 입각한 적용을 통하여 송금을 금지할 수 있다.

　　가. 파산, 지급불능 또는 채권자의 권리보호

　　나. 유가증권·선물·옵션 또는 파생상품의 발행·유통 또는 거래

　　다. 형사범죄

　　라. 법집행 또는 금융규제당국을 지원하기 위하여 필요한 때에, 송금에 대한 재무 보고 또는 기록보존, 또는

　　마. 사법 또는 행정 절차에서의 명령 또는 판결의 준수 보장

제11.8조 이행요건

1. 어떠한 당사국도 자국 영역 내 당사국 또는 비당사국 투자자의 투자

의 설립·인수·확장·경영·영업·운영이나 매각 또는 그 밖의 처분과 관
련하여, 다음의 요건을 부과 또는 강요하거나, 이에 대한 약속 또는 의무
부담을 강요할 수 없다.[4]

　가. 일정 수준 또는 비율의 상품 또는 서비스를 수출하는 것

　나. 일정 수준 또는 비율의 국산부품 사용을 달성하는 것

　다. 자국 영역에서 생산된 상품을 구매 또는 사용하거나 이에 대하
　　　여 선호를 부여하는 것, 또는 자국 영역에 있는 인으로부터 상품
　　　을 구매하는 것

　라. 수입량 또는 수입액을 수출량이나 수출액, 또는 그러한 투자와
　　　연계된 외화유입액과 어떠한 방식으로든 관련시키는 것

　마. 그러한 투자가 생산 또는 공급하는 상품이나 서비스의 판매를
　　　수출량이나 수출액, 또는 외화획득과 어떠한 방식으로든 관련시
　　　킴으로써 자국 영역에서 그러한 판매를 제한하는 것

　바. 자국 영역의 인에게 특정한 기술, 생산공정 또는 그 밖의 재산권
　　　적 지식을 이전하는 것, 또는

　사. 그러한 투자가 생산하는 상품이나 공급하는 서비스를 당사국의
　　　영역으로부터 특정한 지역시장 또는 세계시장에 독점적으로 공
　　　급하는 것

　2. 어떠한 당사국도 당사국 또는 비당사국 투자자의 자국 영역 내 투자
의 설립·인수·확장·경영·영업·운영이나 매각 또는 그 밖의 처분과 관
련하여, 이익의 수령 또는 지속적 수령에 대하여 다음의 요건에 부합할
것을 조건으로 할 수 없다.

　가. 일정 수준 또는 비율의 국산부품 사용을 달성하는 것

　나. 자국 영역에서 생산된 상품을 구매 또는 사용하거나 이에 대하
　　　여 선호를 부여하는 것, 또는 자국 영역에 있는 인으로부터 상품

---

4) 보다 명확히 하기 위하여, 제2항에서 규정된 이익의 수령 또는 지속적 수령에
대한 조건은 제1항의 목적상 "약속 또는 의무부담"을 구성하지 아니한다.

을 구매하는 것

다. 수입량 또는 수입액을 수출량이나 수출액, 또는 그러한 투자와
연계된 외화유입액과 어떠한 방식으로든 관련시키는 것, 또는

라. 그러한 투자가 생산 또는 공급하는 상품이나 서비스의 판매를
수출량이나 수출액, 또는 외화획득과 어떠한 방식으로든 관련시
킴으로써 자국 영역에서 그러한 판매를 제한하는 것

3. 가. 제2항의 어떠한 규정도 당사국이 당사국 또는 비당사국 투자자
의 자국 영역 내 투자와 관련하여, 이익의 수령 또는 지속적인 수
령에 대하여 생산의 입지, 서비스의 공급, 근로자의 훈련 또는 고
용, 특정한 시설의 건설 또는 확장, 또는 연구개발의 수행을 자국
영역에서 한다는 요건의 준수를 조건으로 하는 것을 금지하는 것
으로 해석되지 아니한다.[5]

나. 제1항 바호는 다음에 적용되지 아니한다.

1) 당사국이 무역관련 지적재산권에 관한 협정 제31조에 따라
지적재산권의 사용을 승인하는 때, 또는 무역관련 지적재산권
에 관한 협정 제39조의 범위 내에 해당하고, 이에 합치되는
재산권적 정보의 공개를 요구하는 조치, 또는

2) 사법적 또는 행정적 절차 후에 당사국의 경쟁법에 따라 반경
쟁적인 것으로 판정된 관행을 시정하기 위하여 법원·행정재
판소 또는 경쟁당국에 의하여 요건이 부과되거나 약속 또는
의무부담이 강제되는 때[6]

---

5) 보다 명확히 하기 위하여, 제1항의 어떠한 규정도 당사국이 자국 영역 내 당사
국 비당사국 투자자의 투자의 설립·인수·확장·경영·영업·운영이나 매각 또는
그 밖의 처분과 관련하여, 생산의 유치, 서비스의 공급, 근로자의 훈련 또는 고용,
특정한 시설의 건설 또는 확장, 또는 연구개발의 수행을 자국 영역에서 한다는 요
건을 부과 또는 강제하거나 약속 또는 의무부담을 강제하는 것을 금지하는 것으
로 해석되지 아니한다. 다만, 그러한 행위는 제1항 바호에 합치하여야 한다.

다. 그러한 조치가 자의적이거나 정당화할 수 없는 방식으로 적용되지 아니하는 한, 그리고 그러한 조치가 국제무역 또는 투자에 대한 위장된 제한을 구성하지 아니하는 한, 제1항 나호·다호 및 바호 그리고 제2항 가호 및 나호는 당사국이 환경조치를 포함하여 다음의 조치를 채택하거나 유지하는 것을 금지하는 것으로 해석되지 아니한다.

1) 이 협정에 불합치하지 아니하는 법과 규정의 준수를 보장하기 위하여 필요한 조치

2) 인간·동물 또는 식물의 생명이나 건강을 보호하기 위하여 필요한 조치, 또는

3) 고갈될 수 있는 생물 또는 무생물 천연자원의 보존과 관련된 조치

라. 제1항 가호·나호 및 다호 그리고 제2항 가호 및 나호는 수출진흥 및 외국원조프로그램에 대한 상품 또는 서비스의 자격요건에 적용되지 아니한다.

마. 제1항 나호·다호·바호 및 사호 그리고 제2항 가호 및 나호는 정부조달에 적용되지 아니한다.

바. 제2항 가호 및 나호는 특혜관세 또는 특혜쿼터의 자격을 갖추기 위하여 필요한 상품의 구성품에 관하여 수입 당사국이 부과하는 요건에 적용되지 아니한다.

4. 보다 명확히 하기 위하여, 제1항 및 제2항은 그 항에 규정된 것 이외의 어떠한 약속·의무부담 또는 요건에도 적용되지 아니한다.

5. 이 조는, 당사국이 그러한 약속·의무부담 또는 요건을 부과하거나 요구하지 아니한 경우, 민간 당사자 간의 약속·의무부담 또는 요건의 집행을 배제하지 아니한다. 이 조의 목적상, 지정 독점 또는 공기업이 위임

---

6) 양 당사국은 특허가 반드시 시장지배력을 부여하는 것은 아님을 인정한다.

된 정부권한을 행사하고 있지 아니하는 경우, 민간 당사자는 그러한 실체를 포함할 수 있다.

제11.9조 고위 경영진 및 이사회

1. 어떠한 당사국도 적용대상투자인 자국 기업이 고위 경영직에 특정한 국적의 자연인을 임명하도록 요구할 수 없다.

2. 당사국은 적용대상투자인 자국 기업의 이사회나 산하 위원회의 과반수가 특정 국적이거나 자국 영역에 거주할 것을 요구할 수 있다. 다만, 그 요건은 자신의 투자에 대하여 지배권을 행사할 수 있는 투자자의 능력을 실질적으로 침해하여서는 아니된다.

제11.10조 투자와 환경

이 장의 어떠한 규정도 당사국이 자국 영역 내 투자활동이 환경적 고려에 민감한 방식으로 수행되도록 보장하기 위하여 자국이 적절하다고 판단하는 것으로서 달리 이 장에 합치되는 조치를 채택·유지 또는 집행하는 것을 금지하는 것으로 해석되지 아니한다.

제11.11조 혜택의 부인

1. 당사국은, 비당사국의 인이 다른 쪽 당사국의 기업을 소유하거나 지배하고 있는 경우로서 혜택부인 당사국이 다음에 해당하는 경우, 그러한 기업으로서 다른 쪽 당사국의 투자자와 투자자의 투자에 대하여 이 장의 혜택을 부인할 수 있다.

　　가. 그 비당사국과 정상적인 경제관계를 유지하고 있지 아니하는 경우, 또는

　　나. 그 기업과의 거래를 금지하는 조치 또는 이 장의 혜택이 그 기업이나 그 기업의 투자에 부여될 경우 위반되거나 우회될 조치를

그 비당사국 또는 그 비당사국의 인에 대하여 채택하거나 유지하는 경우

2. 당사국은, 다른 쪽 당사국의 기업이 다른 쪽 당사국의 영역에서 실질적인 영업활동을 하지 아니하고 비당사국의 인 또는 혜택부인 당사국의 인이 그 기업을 소유하거나 지배하는 경우, 그러한 기업으로서 다른 쪽 당사국의 투자자와 그 투자자의 투자에 대하여 이 장의 혜택을 부인할 수 있다. 혜택부인 당사국이 그 기업이 다른 쪽 당사국의 영역에서 실질적인 영업활동을 하지 아니하고 비당사국의 인 또는 혜택부인 당사국의 인이 그 기업을 소유하거나 지배하고 있는 사실을 이 장의 혜택을 부인하기 전에 아는 경우, 혜택부인 당사국은 혜택을 부인하기 전에 다른 쪽 당사국에게 이를 실행 가능한 한도에서 통보한다. 그러한 통보가 제공되는 경우, 혜택부인 당사국은 다른 쪽 당사국의 요청에 따라 다른 쪽 당사국과 협의한다.

제11.12조 비합치 조치

1. 제11.3조·제11.4조·제11.8조 및 제11.9조는 다음에 적용되지 아니한다.

가. 당사국이 다음에서 유지하는 모든 기존의 비합치 조치

1) 부속서 I의 자국 유보목록에 그 당사국이 기재한 대로, 중앙정부

2) 주속서 I의 자국 유보목록에 그 당사국이 기재한 대로, 지역정부, 또는[7]

3) 지방정부[8]

---

7) 보다 명확히 하기 위하여, 부속서 12-다(지역정부의 비합치조치에 대한 협의)는 이 장에 통합되어 그 일부가 된다.

8) 대한민국의 경우, "지방정부"라 함은 지방자치법에 정의된 지방정부를 말한다.

나. 가호에 언급된 모든 비합치 조치의 지속 또는 신속한 갱신, 또는

다. 가호에 언급된 비합치 조치의 개정. 다만, 그 개정은 제11.3조·제11.4조·제11.8조 또는 제11.9조와 그 개정 직전에 존재하였던 조치의 합치성을 감소시키지 아니하여야 한다.

2. 제11.3조·제11.4조·제11.8조 및 제11.9조는 부속서 II의 자국 유보목록에 규정된 분야·하위분야 또는 행위에 대하여 당사국이 채택하거나 유지하는 조치에 적용되지 아니한다.

3. 어떠한 당사국도, 이 협정의 발효일 이후에 채택되고 부속서 II의 자국 유보목록의 대상이 되는 조치에 따라 다른 쪽 당사국의 투자자에게 그 국적을 이유로 그 조치가 발효되는 시점에 존재하는 투자를 매각하거나 달리 처분하도록 요구할 수 없다.

4. 제11.3조 및 제11.4조는 제18.1조 제6항(일반규정)에 구체적으로 규정된 대로 그 조에 따른 의무의 예외 또는 이탈인 조치에 대하여 적용되지 아니한다.

5. 제11.3조·제11.4조 및 제11.9조는 다음에 적용되지 아니한다.
　　가. 정부조달, 또는
　　나. 정부지원 융자, 보증 및 보험을 포함하여 당사국에 의하여 제공되는 보조금 또는 무상교부

제11.13조 특별형식 및 정보요건

1. 제11.3조의 어떠한 규정도 적용대상투자가 당사국의 법 또는 규정에 따라 합법적으로 구성될 것을 요구하는 것과 같이 당사국이 적용대상투자와 관련하여 특별형식을 규정하는 조치를 채택하거나 유지하는 것을 금지하는 것으로 해석되지 아니한다. 다만, 그러한 형식은 이 장에 따라 당사국이 다른 쪽 당사국의 투자자 및 적용대상투자에 부여하는 보호를 실질적으로 침해하여서는 아니된다.

2. 제11.3조 및 제11.4조에도 불구하고, 당사국은 정보수집 또는 통계상의 목적을 위하여만 다른 쪽 당사국의 투자자 또는 그 투자자의 적용대상투자가 그 투자에 관련한 정보를 제공하도록 요구할 수 있다. 당사국은 비밀 영업정보를 투자자 또는 적용대상투자의 경쟁적 지위를 저해할 수 있는 공개로부터 보호한다. 이 항의 어떠한 규정도 당사국이 자국법의 공평하고 선의에 입각한 적용과 관련하여 정보를 달리 입수하거나 공개하는 것을 금지하는 것으로 해석되지 아니한다.

제11.14조 대위변제

1. 한국수출보험공사 또는 해외민간투자공사가 투자에 대하여 체결한 보증 또는 보험계약에 따라 그가 속한 당사국의 투자자에게 지불하는 경우, 이 기관은 그 투자자의 대위권자로 간주되며, 대위변제가 없었더라면 그 투자자가 이 장에 따라 소유하였을 동일한 권리를 가진다. 그리고 그 투자자는 대위변제의 한도에서 그 권리를 추구하는 것으로부터 배제된다.

2. 보다 명확히 하기 위하여, 이 조의 어떠한 규정도 대한민국 정부와 미합중국 정부 간의 투자촉진협정에 따른 당사국의 권리 및 의무와 양립불가능한 것으로 해석되지 아니한다.

제2절 투자자와 국가 간 분쟁해결

제11.15조 협의 및 협상

투자분쟁이 발생하는 경우, 청구인 및 피청구국은 우선 협의 및 협상을 통하여 분쟁을 해결하도록 노력하여야 할 것이며, 이는 비구속적인 제3자 절차의 이용을 포함할 수 있다.

제11.16조 청구의 중재 제기

1. 분쟁당사자가 투자분쟁이 협의 및 협상을 통하여 해결될 수 없다고 판단하는 경우,

　　가. 청구인은, 자기자신을 위하여, 다음의 청구를 이 절에 따른 중재에 제기할 수 있다.

　　　　1) 피청구국이 다음을 위반하였다는 것

　　　　　　가) 제1절상의 의무

　　　　　　나) 투자인가, 또는

　　　　　　다) 투자계약

　　　　그리고

　　　　2) 청구인이 그 위반을 이유로, 또는 그 위반으로부터 발생한, 손실 또는 손해를 입었다는 것, 그리고

　　나. 청구인은, 자신이 직접적 또는 간접적으로 소유하거나 지배하는 법인인 피청구국의 기업을 대신하여, 다음의 청구를 이 절에 따른 중재에 제기할 수 있다.

　　　　1) 피청구국이 다음을 위반하였다는 것

　　　　　　가) 제1절상의 의무

　　　　　　나) 투자인가, 또는

　　　　　　다) 투자계약

　　　　그리고

　　　　2) 그 기업이 그 위반을 이유로, 또는 그 위반으로부터 발생한, 손실 또는 손해를 입었다는 것

　　다만, 청구대상과 청구된 손실이 관련 투자계약에 의거하여 설립 또는 인수되었거나 설립 또는 인수가 추진되었던 적용대상투자와 직접적으로 관련이 있는 경우에만, 청구인은 가호1목 다) 또는 나호1목 다)에 따라 투자계약의 위반에 대한 청구를 제기할 수 있다.

2. 이 절에 따른 중재에 청구를 제기하기 최소 90일 전에, 청구인은 청

구를 중재에 제기하겠다는 의사에 관한 서면통보("의사통보")를 피청구
국에게 전달한다. 그 통보는 다음을 명시한다.

> 가. 청구인의 성명 및 주소 그리고 기업을 대신하여 청구가 제기된
>   경우에는 그 기업의 명칭·주소 및 설립지
> 나. 각 청구마다, 위반되었다고 주장되는 이 협정, 투자인가 또는 투
>   자계약의 규정과 그 밖의 관련 규정
> 다. 각 청구의 법적 및 사실적 근거, 그리고
> 라. 구하는 구제조치와 청구하는 손해의 대략적 금액

3. 청구를 야기한 사건이 발생한 지 6월이 경과한 경우, 청구인은

> 가. 피청구국 및 비분쟁당사국이 모두 국제투자분쟁해결센터협약의
>   당사국인 경우에는 국제투자분쟁해결센터협약과 국제투자분쟁
>   해결센터 중재절차의 절차 규칙에 따라,
> 나. 피청구국 또는 비분쟁당사국 중 하나가 국제투자분쟁해결센터
>   협약의 당사국인 경우에는 국제투자분쟁해결센터 추가절차규칙
>   에 따라,
> 다. 유엔국제무역법위원회 중재규칙에 따라, 또는
> 라. 청구인 및 피청구국이 합의하는 경우, 그 밖의 중재기관에게 또는
>   그 밖의 중재규칙에 따라,

제1항에 규정된 청구를 제기할 수 있다.

4. 청구는 다음의 시점에 이 절에 따른 중재에 제기된 것으로 간주된다.

> 가. 국제투자분쟁해결센터협약 제36조 제1항에 규정된 청구인의
>   중재통보 또는 중재요청("중재통보")이 사무총장에 의하여 접
>   수된 때
> 나. 국제투자분쟁해결센터협약 추가절차규칙 제3부 제2조에 규정된
>   청구인의 중재통보가 사무총장에 의하여 접수된 때
> 다. 유엔국제무역법위원회 중재규칙 제3조에 규정된 청구인의 중재
>   통보가 유엔국제무역법위원회 중재규칙 제18조에 규정된 청구

서면과 함께 피청구국에 의하여 접수된 때, 또는

라. 제3항 라호에 따라 선택된 그 밖의 중재기관 또는 중재규칙에
규정된 청구인의 중재통보가 피청구국에 의하여 접수된 때

그러한 중재통보가 제출된 후 청구인이 최초로 주장하는 청구는 적용
가능한 중재규칙에 따라 접수일에 이 절에 따른 중재에 제출된 것으로
간주된다.

5. 제3항에 따라 적용 가능하고 이 절에 따라 하나 또는 복수의 청구가
중재에 제기된 날에 유효한 중재규칙은, 이 협정에 의하여 수정된 한도
를 제외하고는 그 중재를 규율한다.

6. 청구인은 중재통보와 함께 다음을 제출한다.

가. 청구인이 임명하는 중재인의 성명, 또는

나. 사무총장이 그 중재인을 임명하는 것에 대한 청구인의 서면 동
의서

제11.17조 중재에 대한 각 당사국의 동의

1. 각 당사국은 이 협정에 따라 이 절에 따른 중재에 청구를 제기하는
것에 동의한다.

2. 제1항에 따른 동의와 이 절에 따른 청구의 중재 제기는 다음을 충족
한다.

가. 분쟁당사자의 서면 동의를 위한 국제투자분쟁해결센터협약 제
2장(센터의 관할권)과 국제투자분쟁해결센터 추가절차규칙의
요건, 그리고

나. "서면 합의"를 위한 뉴욕협약 제2조의 요건

제11.18조 각 당사국의 동의에 대한 조건 및 제한

1. 제11.16조 제1항에 따라 주장되는 위반사실과 청구인(제11.16조 제

1항 가호에 따라 제기된 청구의 경우) 또는 기업(제11.16조 제1항 나호
에 따라 제기된 청구의 경우)이 손실 또는 손해를 입었다는 사실을 청구
인이 최초로 인지하였거나 최초로 인지하였어야 할 날로부터 3년이 경
과하였을 경우에는, 청구를 이 절에 따른 중재에 제기할 수 없다.

2. 다음의 경우를 제외하고는, 어떠한 청구도 이 절에 따른 중재에 제기
될 수 없다.

가. 청구인이 이 협정에 규정된 절차에 따라 중재에 대하여 서면으
로 동의하는 경우, 그리고

나. 중재통보에 다음이 수반되는 경우
어느 한쪽 당사국 법에 따른 행정재판소나 법원, 또는 그 밖의 분
쟁해결절차에서 제11.16조에 언급된 위반을 구성한다고 주장되
는 조치에 대하여 절차를 개시하거나 계속하는 권리에 대한
1) 제11.16조 제1항 가호에 따라 중재에 제기한 청구의 경우, 청
구인의 서면 포기서, 그리고
2) 제11.16조 제1항 나호에 따라 중재에 제기한 청구의 경우, 청
구인 및 기업의 서면 포기서

3. 제2항 나호에도 불구하고, 청구인(제11.16조 제1항 가호에 따라 제
기된 청구의 경우)과 청구인 또는 기업(제11.16조 제1항 나호에 따라 제
기된 청구의 경우)은 피청구국의 사법 또는 행정재판소에서 임시 가처분
을 구하고 금전적 손해배상의 지급을 수반하지 아니하는 소송을 개시하
거나 계속할 수 있다. 다만, 그 소송은 중재가 계속되는 동안 청구인 또
는 기업의 권리 및 이익을 보전하기 위한 목적으로만 제기되어야 한다.

제11.19조 중재인의 선정

1. 분쟁당사자들이 달리 합의하지 아니하는 한, 중재판정부는 3인의 중
재인으로 구성되며, 각 분쟁당사자는 각 1인의 중재인을 임명하고, 의장
이 되는 세 번째 중재인은 분쟁당사자들의 합의에 의하여 임명된다.

2. 사무총장은 이 절에 따른 중재를 위하여 임명권자의 역할을 한다.

3. 청구가 이 절에 따른 중재에 제기된 날로부터 75일 이내에 중재판정부가 구성되지 아니한 경우, 사무총장은 어느 한쪽 분쟁당사자의 요청에 따라 자신의 재량으로 아직 임명되지 아니한 하나 또는 복수의 중재인을 임명한다. 분쟁당사자들이 달리 합의하지 아니하는 한, 사무총장은 어느 한쪽 당사국의 국민을 의장중재인으로 임명하지 아니한다.

4. 국제투자분쟁해결센터협약 제39조와 국제투자분쟁해결센터 추가절차규칙 제3부 제7조의 목적상 그리고 국적 이외의 근거로 인한 중재인에 대한 이의제기를 저해함이 없이,

    가. 피청구국은 국제투자분쟁해결센터협약 또는 국제투자분쟁해결센터 추가절차규칙에 따라 설치된 중재판정부의 각 개별 구성원의 임명에 동의한다.

    나. 제11.16조 제1항 가호에 규정된 청구인은 중재판정부의 각 개별 구성원의 임명에 서면으로 동의하는 조건에서만 국제투자분쟁해결센터협약 또는 국제투자분쟁해결센터 추가절차규칙에 따라 이 절에 따른 중재에 청구를 제기하거나 청구를 계속할 수 있다. 그리고

    다. 제11.16조 제1항 나호에 규정된 청구인은 청구인 및 기업이 중재판정부의 각 개별 구성원의 임명에 서면으로 동의하는 조건에서만 국제투자분쟁해결센터협약 또는 국제투자분쟁해결센터 추가절차규칙에 따라 이 절에 따른 중재에 청구를 제기하거나 청구를 계속할 수 있다.

제11.20조 중재의 수행

1. 분쟁당사자들은 제11.16조 제3항에 따라 적용 가능한 중재규칙에 따라 법적 중재지에 대하여 합의할 수 있다. 분쟁당사자들이 합의에 도달하지 못하는 경우, 중재판정부가 적용 가능한 중재규칙에 따라 중재지

를 결정한다. 다만, 중재지는 뉴욕협약의 당사국인 국가의 영역이어야 한다.

2. 분쟁당사자의 요청이 있는 경우, 그리고 분쟁당사자들이 달리 합의하지 아니하는 한, 중재판정부는 당사자와 중재인들의 편의성, 사건 대상의 소재지 그리고 증거에의 근접성을 포함하는 적절한 요소를 고려하여, 협의 및 심리를 포함하는 회의 장소를 결정할 수 있다. 이는 중재판정부가 제1항에 따라 고려할 수 있는 적절한 요소를 저해하지 아니한다.

3. 분쟁당사자들이 달리 합의하지 아니하는 한, 영어와 한국어가 모든 심리·입장제출·결정 및 판정을 포함한 전체 중재절차에서 사용되는 공식 언어이다.

4. 비분쟁당사국은 이 협정의 해석에 관하여 중재판정부에 구두 및 서면으로 입장을 제출할 수 있다. 분쟁당사자의 요청이 있는 경우, 비분쟁당사국은 자국의 구두 입장을 서면으로 다시 제출하여야 할 것이다.

5. 분쟁당사자들과 협의한 후, 중재판정부는 분쟁당사자가 아닌 당사자 또는 실체가 분쟁 범위 내의 사안에 관하여 중재판정부에 외부조언자 서면 입장을 제출하도록 허용할 수 있다. 그러한 입장 제출 허용 여부를 결정함에 있어, 중재판정부는 여러가지 중에서 특히 다음을 고려한다.

　　가. 외부조언자 입장이 분쟁당사자들의 것과는 다른 관점, 특정한 지식 또는 통찰력을 제공함으로써 중재판정부가 중재절차와 관련된 사실적 또는 법적 쟁점을 판단하는 데 도움이 될 정도

　　나. 외부조언자 입장이 분쟁 범위 내의 사안을 다루게 될 정도, 그리고

　　다. 외부조언자가 절차에 중대한 이해관계를 가지는 정도

중재판정부는 외부조언자 입장이 중재절차를 방해하거나 어느 한쪽 분쟁당사자에 대하여 부당하게 부담을 주거나 불공정하게 저해하지 아니하도록 보장하며, 분쟁당사자들이 외부조언자 입장에 대한 자신들의 견해를 제시할 수 있는 기회를 부여받도록 보장한다.

6. 다른 이의제기를 본안전 문제로 다룰 수 있는 중재판정부의 권한을

저해함이 없이, 중재판정부는 제기된 청구가, 법률상의 문제로서, 제
11.26조에 따라 청구인에게 유리한 판정이 내려질 수 있는 청구가 아니
라는 피청구국의 이의제기를, 본안전 문제로 다루고 결정한다.

　　가. 그러한 이의제기는, 중재판정부가 구성된 후 가능한 한 조속히
　　　　그리고 어떠한 경우에도 중재판정부가 피청구국이 자국의 반론
　　　　서를 제출하도록 정한 날(또는 중재 통보에 대한 수정이 있는 경
　　　　우, 중재판정부가 피청구국이 수정에 대한 답변을 제출하도록
　　　　정한 날) 이내에, 중재판정부에 제출되어야 한다.

　　나. 이 항에 따른 이의제기를 접수한 경우, 중재판정부는 본안에 관
　　　　한 모든 절차를 중지하고, 그 밖의 본안전 문제를 검토하기 위하
　　　　여 수립한 일정에 합치하도록 그 이의제기를 검토할 일정을 수
　　　　립하며, 이의제기에 대한 결정 또는 판정을 내리고 그에 대한 근
　　　　거를 밝힌다.

　　다. 이 항에 따른 이의제기를 결정함에 있어, 중재판정부는 중재통
　　　　보(또는 중재통보의 수정)상의 청구 내용을 뒷받침하는 청구인
　　　　의 사실관계에 관한 주장과, 유엔국제무역법위원회중재규칙에
　　　　따라 제기된 분쟁의 경우 유엔국제무역법위원회중재규칙 제18
　　　　조에 규정된 청구서면을 사실이라고 가정한다. 중재판정부는 분
　　　　쟁중이 아닌 관련 사실도 검토할 수 있다.

　　라. 피청구국이 이 항에 따른 이의제기 또는 제7항에 따른 신속절차
　　　　이용을 하였거나 하지 아니하였다는 이유만으로, 피청구국이 권
　　　　능에 대한 이의제기나 본안에 관한 주장을 포기하는 것은 아니다.

　7. 중재판정부가 구성된 후 45일 이내에 피청구국이 요청하는 경우, 중
재판정부는 제6항에 따른 이의제기와 분쟁이 중재판정부의 권능 내에
있지 아니하다는 이의제기에 대하여 신속히 결정한다. 중재판정부는 본
안에 관한 모든 절차를 중지하고, 요청일 후 150일 이내에 이의제기에 대
한 결정 또는 판정을 내리면서 그에 대한 근거를 밝힌다. 그러나 분쟁당

사자가 심리를 요구할 경우, 중재판정부는 결정 또는 판정을 내리기 위하여 30일을 추가로 가질 수 있다. 심리가 요구되는지 여부에 관계없이, 중재판정부는 특별한 이유가 제시되는 때에는 30일을 초과할 수 없는 추가적인 단기간 동안 결정 또는 판정을 내리는 것을 연기할 수 있다.

8. 중재판정부는 제6항 또는 제7항에 따른 피청구국의 이의제기에 대하여 결정을 내릴 때, 정당한 경우, 이의제기를 제출하거나 반박하는 데 소요된 합리적인 비용 및 변호사 보수가 승소한 분쟁당사자에게 지불되도록 판정할 수 있다. 그러한 판정이 정당한지 여부를 결정함에 있어서, 중재판정부는 청구인의 청구 또는 피청구국의 이의제기가 근거가 없었는지 여부를 고려하고, 분쟁당사자들에게 합리적인 의견제출 기회를 제공한다.

9. 피청구국은, 제11.14조에 규정된 대위변제에 관한 것을 제외하고, 청구인이 보험 또는 보증 계약에 따라 주장된 손해의 전부 또는 일부에 대한 배상 또는 그 밖의 보상을 받았거나 받을 것이라고 항변·반소·상계권 또는 그 밖의 어떠한 사유로도 주장할 수 없다.

10. 중재판정부는 분쟁당사자의 권리를 보전하기 위하여 또는 중재판정부의 관할권이 완전히 유효하게 되도록 보장하기 위하여 분쟁당사자의 보유 또는 통제하에 있는 증거를 보전하거나 중재판정부 관할권을 보호하라는 명령을 포함하여, 잠정 보호조치를 명령할 수 있다. 중재판정부는 압류를 명령하거나 제11.16조에 규정된 위반을 구성하는 것으로 주장되는 조치의 적용을 금지할 수 없다. 이 항의 목적상, 명령은 권고를 포함한다.

11. 가. 이 절에 따라 수행된 모든 중재에서, 분쟁당사자의 요청이 있는 경우, 중재판정부는 배상책임에 관한 결정 또는 판정을 내리기 전에 분쟁당사자들 및 비분쟁당사국에게 제안된 결정 또는 판정을 송부한다. 중재판정부가 제안된 결정 또는 판정을 송부한 후 60일 이내에, 분쟁당사자들은 제안된 결정 또는 판정의 어떠한

측면에 대하여도 중재판정부에 서면의견을 제출할 수 있다. 중재판정부는 60일의 의견제출기간이 만료된 후 45일 이내에 그러한 모든 의견을 검토하고 결정 또는 판정을 내린다.

　　나. 가호는 제12항 또는 부속서 11-라에 따라 항소가 가능하게 된 이 절에 따라 수행된 중재에 있어서는 적용되지 아니한다.

12. 투자분쟁을 심리하기 위하여 국제 무역 또는 투자 협정에 따라 구성된 중재판정부가 내린 판정을 재심하기 위한 목적으로 상소기구를 설치하는 별도의 다자간 협정이 양 당사국 간에 발효되는 경우, 양 당사국은 그 다자협정이 양 당사국 간에 발효된 후에 개시된 중재에서 제11.26조에 따라 내려진 판정을 그러한 상소기구가 재심하도록 하는 합의에 도달하기 위하여 노력한다.

제11.21조 중재절차의 투명성

1. 제2항·제3항 및 제4항에 따라, 피청구국은 다음의 문서를 수령한 후 신속하게 비분쟁당사국에게 송부하고 대중에게 이용 가능하게 한다.

　　가. 의사 통보

　　나. 중재 통보

　　다. 분쟁당사자가 중재판정부에 제출한 변론서·이유서 및 준비서면과 제11.20조 제4항·제11.20조 제5항 및 제11.25조에 따라 제출된 모든 서면입장

　　라. 이용 가능한 경우, 중재판정부의 심리 의사록 또는 속기록, 그리고

　　마. 중재판정부의 명령·판정 및 결정

2. 중재판정부는 대중에게 공개하여 심리를 수행하며, 분쟁당사자들과 협의하여 적절한 절차적 준비사항을 결정한다. 그러나 보호정보로 지정된 정보를 심리에서 사용하고자 하는 분쟁당사자는 중재판정부에 이를 알린다. 중재판정부는 그러한 정보를 공개로부터 보호할 적절한 조치를 취한다.

3. 이 절의 어떠한 규정도 피청구국이 보호정보를 공개하거나 제23.2조 (필수적 안보) 또는 제23.4조(정보공개)에 따라 자국이 보류할 수 있는 정보를 제공하거나 접근을 허락하도록 요구하지 아니한다.

4. 중재판정부에 제출된 모든 보호정보는 다음 절차에 따라 공개로부터 보호된다.

    가. 라호를 조건으로, 분쟁당사자들이나 중재판정부는 정보를 제공한 분쟁당사자가 나호에 따라 명백하게 지정한 경우 보호정보를 비분쟁당사국이나 대중에 공개하지 아니한다.

    나. 특정 정보가 보호정보를 구성한다고 주장하는 분쟁당사자는 그 정보가 중재판정부에 제출될 때 그 정보를 명백하게 지정한다.

    다. 분쟁당사자는 보호정보라고 주장되는 정보를 포함하는 서류를 제출하는 때에 그 정보를 포함하지 아니하는 편집본을 제출한다. 편집본만이 제1항에 따라 비분쟁당사국에게 제공되고 공개된다. 그리고

    라. 중재판정부는 보호정보라고 주장되는 정보의 지정에 관하여 분쟁당사자가 제기하는 이의에 대하여 결정한다. 중재판정부가 그러한 정보가 적정하게 지정되지 아니하였다고 결정하는 경우, 그 정보를 제출한 분쟁당사자는 1)그러한 정보를 포함하는 입장의 전부 또는 일부를 철회하거나, 2)중재판정부의 결정 및 다호에 따라 지정을 정정하여 완전본과 편집본을 다시 제출하는 데 동의할 수 있다. 이 중 어떠한 경우든, 다른 쪽 분쟁당사자는, 필요한 때에는 언제나, 그 정보를 처음 제출한 분쟁당사자가 1)에 따라 철회한 정보를 삭제하거나, 또는 그 정보를 처음 제출한 분쟁당사자의 2)에 따른 지정에 합치하게 정보를 재지정한 완전본과 편집본을 다시 제출한다.

    마. 분쟁당사국의 요청이 있는 경우, 공동위원회는 보호되어야 한다고 주장되는 정보가 적정하게 지정되지 아니하였다는 중재판정

부의 결정에 대하여 서면결정을 내리는 것을 검토한다. 공동위원회가 60일 이내에 결정을 내리는 경우, 이는 중재판정부에 대하여 구속력을 가지며 중재판정부가 내리는 어떠한 결정 또는 판정도 그 결정에 합치하여야 한다. 공동위원회가 60일 이내에 결정을 내리지 아니하는 경우, 비분쟁당사국이 중재판정부의 결정에 동의한다는 서면진술을 공동위원회에 그 기간 이내에 제출하는 경우에만 중재판정부의 결정이 계속 유효하게 된다.

5. 이 절의 어떠한 규정도 피청구국이 자국법에 의하여 공개되도록 요구되는 정보를 대중에게 공개하지 아니하도록 요구하는 것은 아니다.

제11.22조 준거법

1. 제3항을 조건으로, 청구가 제11.16조 제1항 가호 1목 가) 또는 제11.16조 제1항 나호 1목 가)에 따라 제기되는 때에는, 중재판정부는 이 협정과 적용 가능한 국제법 규칙에 따라 분쟁 중인 쟁점을 결정한다.

2. 제3항과 이 절의 그 밖의 규정을 조건으로, 청구가 제11.16조 제1항 가호 1목 나) 또는 다)나 제11.16조 제1항 나호 1목 나) 또는 다)에 따라 제기되는 때에는, 중재판정부는 다음을 적용한다.

　가. 해당 투자인가 또는 투자계약에 명시된 법규칙, 또는 분쟁당사자들이 달리 합의할 수 있는 바에 따라, 또는

　나. 법규칙이 명시되지 아니하였거나 달리 합의되지 아니한 경우,

　　1) 법의 충돌에 대한 규칙을 포함한 피청구국의 법[9] 그리고

　　2) 적용 가능한 국제법 규칙

3. 제22.2조 제3항 라호(공동위원회)에 따라 이 협정의 규정에 대한 해석을 표명하는 공동위원회의 결정은 중재판정부에 대하여 구속력을 가

---

9) "피청구국의 법"이라 함은 국내 법원 또는 적정한 관할권을 가진 재판소가 같은 사건에서 적용하였을 법을 말한다.

지며, 중재판정부가 내리는 모든 결정 또는 판정은 그 결정에 합치하여
야 한다.

제11.23조 부속서의 해석

1. 위반이라고 주장되는 조치가 부속서 I 또는 부속서 II에 규정된 기재
의 범위 내에 있다고 피청구국이 항변으로서 주장하는 경우, 중재판정부
는 피청구국의 요청이 있는 경우, 그 문제에 대한 공동위원회의 해석을
요청한다. 공동위원회는 그 요청의 전달로부터 60일 이내에 제22.2조 제
3항 라호(공동위원회)에 따라 이에 대한 해석을 표명하는 결정을 서면으
로 중재판정부에 제출한다.

2. 제1항에 따라 내려진 공동위원회의 결정은 중재판정부에 대하여 구
속력을 가지며, 중재판정부가 내리는 결정 또는 판정은 그 결정에 합치
하여야 한다. 공동위원회가 60일 이내에 그러한 결정을 내리지 못하는
경우, 중재판정부가 그 문제를 결정한다.

제11.24조 전문가 보고서

적용 가능한 중재규칙에 의하여 승인되는 경우 그 밖의 종류의 전문가
임명을 저해함이 없이, 중재판정부는 어느 한쪽 분쟁당사자의 요청에 따
라, 또는 분쟁당사자들이 거부하지 아니하는 한 자체 발의로, 분쟁당사
자들이 합의하는 그러한 조건에 따라 분쟁당사자가 절차에서 제기한 환
경·보건·안전 또는 그 밖의 과학적 사안에 관한 사실문제에 대하여 중
재판정부에 서면 보고하도록 1인 이상의 전문가를 임명할 수 있다.

제11.25조 병합

1. 제11.16조 제1항에 따라 둘 이상의 청구가 별도로 중재에 제기되어
있고 그 청구들이 법 또는 사실의 문제를 공통으로 가지고 있으며 같은

사건 또는 상황으로부터 발생한 경우, 어떠한 분쟁당사자도 병합명령으로 포함하고자 하는 대상인 모든 분쟁당사자들의 동의 또는 제2항 내지 제10항의 조건에 따라 병합명령을 구할 수 있다.

2. 이 조에 따라 병합명령을 구하는 분쟁당사자는 서면으로 사무총장과 그 명령으로 포함하고자 하는 대상인 모든 분쟁당사자들에게 요청을 송달하며, 그 요청에 다음을 명시한다.

    가. 명령으로 포함하고자 하는 대상인 모든 분쟁당사자들의 성명 및 주소

    나. 구하는 명령의 내용, 그리고

    다. 명령을 구하는 근거

3. 사무총장이 제2항에 따라 요청을 접수한 후 30일 이내에 그 요청이 명백히 근거 없다고 판단하지 아니하는 한, 이 조에 따라 중재판정부가 설치된다.

4. 명령으로 포함하고자 하는 대상인 모든 분쟁당사자들이 달리 합의하지 아니하는 한, 이 조에 따라 설치된 중재판정부는 3인의 중재인으로 구성된다.

    가. 청구인들의 합의로 임명되는 1인의 중재인

    나. 피청구국에 의하여 임명되는 1인의 중재인, 그리고

    다. 사무총장에 의하여 임명되는 의장중재인

    다만, 의장중재인은 어느 한쪽 당사국의 국민이어서는 아니된다.

5. 사무총장이 제2항에 따라 이루어진 요청을 접수한 후 60일 이내에 피청구국 또는 청구인이 제4항에 따라 중재인을 임명하지 못하는 경우, 사무총장은 명령으로 포함하고자 하는 대상인 분쟁당사자의 요청에 따라, 아직 임명되지 아니한 하나 또는 복수의 중재인을 임명한다. 피청구국이 중재인을 임명하지 못하는 경우에는 사무총장은 분쟁당사국의 국민을 임명하고, 청구인들이 중재인을 임명하지 못하는 경우에는 사무총

장은 비분쟁당사국의 국민을 임명한다.

6. 이 조에 따라 설치된 중재판정부가 제11.16조 제1항에 따라 중재에 제기된 둘 이상의 청구들이 법 또는 사실의 문제를 공통으로 가지고 있으며 같은 사건 또는 상황으로부터 발생하였다고 판단하는 경우, 중재판정부는 청구의 공정하고 효율적인 해결을 위하여 그리고 분쟁당사자들의 의견을 청취한 후, 명령에 의하여

    가. 청구의 전부 또는 일부에 대하여, 관할권을 행사하고 함께 심리하여 판정할 수 있다.

    나. 중재판정부가 하나 이상의 청구에 대한 판정이 다른 청구의 해결에 도움이 된다고 믿는 경우에, 그 하나 이상의 청구에 대하여 관할권을 행사하고, 심리하여 판정할 수 있다. 또는

    다. 제11.19조에 따라 이전에 설치된 중재판정부가 청구의 전부 또는 일부에 대하여, 관할권을 행사하고 함께 심리하여 판정하도록 지시할 수 있다. 다만,

        1) 이전에 그 중재판정부의 분쟁당사자가 아니었던 청구인의 요청에 따라, 청구인들을 위한 중재인이 제4항 가호 및 제5항에 따라 지정되어야 한다는 점을 제외하고는, 그 중재판정부는 원래의 구성원들로 재구성된다. 그리고

        2) 그 중재판정부는 이전의 심리가 반복되어야 하는지 여부를 결정한다.

7. 이 조에 따라 중재판정부가 설치된 경우, 제11.16조 제1항에 따라 청구를 중재에 제기하였으나 제2항에 따른 요청에 포함되지 아니한 청구인은 제6항에 따른 명령에 자신이 포함되도록 중재판정부에 서면으로 요청할 수 있으며, 그 요청에 다음을 명시한다.

    가. 청구인의 성명 및 주소

    나. 구하는 명령의 성격, 그리고

    다. 명령을 구하는 근거

청구인은 자신의 요청 사본을 사무총장에게 전달한다.

8. 이 조에 따라 설치된 중재판정부는 이 절에 의하여 수정된 경우를 제외하고는 유엔국제무역법위원회 중재규칙에 따라 절차를 수행한다.

9. 제11.19조에 따라 설치된 중재판정부는 이 조에 따라 설치되거나 지시받은 중재판정부가 관할권을 행사하게 된 청구 또는 청구의 일부에 대하여 결정할 관할권을 가지지 아니한다.

10. 어느 한쪽 분쟁당사자의 신청이 있는 경우, 이 조에 따라 설치된 중재판정부는 제11.19조에 따라 설치된 중재판정부가 이미 그 절차를 중단하지 아니하였다면, 그 중재판정부의 절차를 보류하도록 제6항에 따른 자신의 결정이 계속 중인 동안 명령할 수 있다.

제11.26조 판정

1. 중재판정부가 피청구국에 최종적인 패소판정을 내리는 경우, 중재판정부는 다음만을 별도로 또는 조합하여 판정할 수 있다.

　　가. 금전적 손해배상과 적용 가능한 이자, 그리고

　　나. 재산의 원상회복. 이 경우 판정은 피청구국이 원상회복 대신 금전적 손해배상과 적용 가능한 이자를 지불할 수 있음을 규정한다.

2. 중재판정부는 또한 이 절과 적용 가능한 중재규칙에 따라 비용 및 변호사 보수를 판정할 수 있다.

3. 제1항을 조건으로, 제11.16조 제1항 나호에 따라 청구가 중재에 제기된 경우,

　　가. 재산의 원상회복 판정은 원상회복이 기업에 대하여 이루어질 것을 규정한다.

　　나. 금전적 손해배상과 적용 가능한 이자 판정은 그 합계가 기업에 지불되어야 함을 규정한다. 그리고

　　다. 판정은 그 판정이 적용 가능한 국내법에 따른 구제에 있어 어떠

한 인이 가질 수 있는 어떠한 권리도 저해함이 없이 이루어짐을
규정한다.

4. 중재판정부는 징벌적 손해배상을 판정할 수 없다.

5. 중재판정부에 의하여 내려진 판정은 분쟁당사자들 간 그리고 그 특
정 사안에 대한 것을 제외하고는 구속력을 가지지 아니한다.

6. 제7항과 중간판정에 대하여 적용 가능한 검토 절차를 조건으로, 분
쟁당사자는 지체 없이 판정을 지키고 준수한다.

7. 분쟁당사자는 다음 시점까지 최종판정의 집행을 구할 수 없다.

　가. 국제투자분쟁해결센터협약에 따른 최종 판정의 경우

　　1) 판정이 내려진 날로부터 120일이 경과하였고 어떠한 분쟁당
　　　사자도 그 판정의 수정 또는 취소를 요청하지 아니하였을 때,
　　　또는

　　2) 수정 또는 취소 절차가 완료되었을 때, 그리고

　나. 국제투자분쟁해결센터 추가절차규칙, 유엔국제무역법위원회 중
　　재규칙 또는 제11.16조 제3항 라호에 따라 선택된 규칙에 따른
　　최종판정의 경우

　　1) 판정이 내려진 날로부터 90일이 경과하였고 어떠한 분쟁당사
　　　자도 그 판정의 수정·보류 또는 취소를 위한 절차를 개시하지
　　　아니하였을 때, 또는

　　2) 법원이 판정에 대한 수정·보류 또는 취소 신청을 기각하거나
　　　인용하였고 더이상의 상소가 없을 때

8. 각 당사국은 자국 영역에서의 판정의 집행을 규정한다.

9. 피청구국이 최종판정을 지키거나 준수하지 못하는 경우, 비분쟁당사
국의 요청의 전달이 있을 때, 제22.9조(패널의 설치)에 따른 패널이 설치
된다. 요청 당사국은 그러한 절차에서 다음을 구할 수 있다.

　가. 최종판정을 지키거나 준수하지 못하는 것이 이 협정의 의무에

불합치한다는 결정, 그리고

　　나. 제22.11조(패널 보고서)에 따라 피청구국이 최종판정을 지키거
　　　　나 준수하도록 하는 권고

　10. 분쟁당사자는 절차가 제9항에 따라 취하여졌는지 여부와 관계없이
국제투자분쟁해결센터협약 또는 뉴욕협약에 따른 중재 판정의 집행을
구할 수 있다.

　11. 이 절에 따른 중재에 제기된 청구는 뉴욕협약 제1조의 목적상 상업
적 관계 또는 거래에서 발생한 것으로 간주된다.

제11.27조 문서의 송달

　당사국에 대한 통보와 그 밖의 문서는 부속서 11-다에서 그 당사국에
대하여 지정된 장소로 송부된다.

제3절 정의

제11.28조 정의

　이 장의 목적상,

　센터라 함은 국제투자분쟁해결센터협약에 의하여 설립된 국제투자분
쟁해결센터를 말한다.

　청구인이라 함은 다른 쪽 당사국과의 투자분쟁의 당사자인 어느 한쪽
당사국의 투자자를 말한다.

　분쟁당사자들이라 함은 청구인과 피청구국을 말한다

　분쟁당사자라 함은 청구인 또는 피청구국을 말한다.

　기업이라 함은 제1.4조(정의)에 정의된 기업과 기업의 지점을 말한다.

　당사국의 기업이라 함은 당사국의 법에 따라 구성되거나 조직된 기업

과 당사국의 영역에 소재하고 그곳에서 영업활동을 수행하고 있는 지점을 말한다.

국제투자분쟁해결센터 추가절차규칙이라 함은 〈국제투자분쟁해결센터의 사무국에 의한 절차행정을 위한 추가절차를 규율하는 규칙〉을 말한다.

국제투자분쟁해결센터협약이라 함은 1965년 3월 18일 워싱턴에서 체결된 〈국가와 다른 국가 국민 간의 투자분쟁의 해결에 관한 협약〉을 말한다.

투자라 함은 투자자가 직접적 또는 간접적으로 소유하거나 지배하는 모든 자산으로서, 자본 또는 그 밖의 자원의 약속, 이득 또는 이윤에 대한 기대, 또는 위험의 감수와 같은 특징을 포함하여, 투자의 특징을 가진 것을 말한다. 투자가 취할 수 있는 형태는 다음을 포함한다.

　　가. 기업

　　나. 주식, 증권과 그 밖의 형태의 기업에 대한 지분 참여

　　다. 채권, 회사채, 그 밖의 채무증서와 대부[10]

　　라. 선물, 옵션과 그 밖의 파생상품

　　마. 완성품 인도, 건설, 경영, 생산, 양허, 수익 배분과 그 밖의 유사한 계약

　　바. 지적재산권

　　사. 면허, 인가, 허가와 국내법에 따라 부여되는 유사한 권리[11][12] 그리고

---

10) 채권, 회사채, 장기어음과 같은 일부 형태의 부채는 투자의 특징을 가질 가능성이 보다 높은 반면, 그 밖의 형태의 부채는 그러한 특징을 가질 가능성이 보다 낮다.

11) 특정한 유형의 면허, 인가, 허가 또는 이와 유사한 수단(그러한 수단의 성격을 가지고 있는 범위 내에서, 양허를 포함한다)이 투자의 특징을 가지고 있는지 여부는 당사국 법에 따라 보유자가 가지고 있는 권리의 성격과 범위 같은 그러한

아. 그 밖의 유형 또는 무형의 자산, 동산 또는 부동산 그리고 리스·
저당권·유치권 및 질권 같은 관련 재산권[13]

이 협정의 목적상, 상품 및 서비스의 상업적 판매로부터만 발생하는 지급청구권은 그것이 투자의 특징을 가진 대부가 아닌 한 투자가 아니다.

투자계약이라 함은 어느 한쪽 당사국의 국가당국[14]과 적용대상투자 또는 다른 쪽 당사국의 투자자 간 서면계약[15]으로서 적용대상투자 또는 투자자가 서면계약 그 자체 이외의 적용대상투자를 설립하거나 인수하는 데 의존하고, 적용대상투자 또는 투자자에게 다음 권리를 부여하는 것을 말한다.

　　가. 국가당국이 통제하는 천연자원에 관하여, 탐사·채취·정제·운
　　　　송·유통 또는 매각을 위한 것과 같은 권리

　　나. 발전 또는 배전, 용수 처리 또는 분배, 또는 통신과 같이 당사국
　　　　을 대신하여 공중에 서비스를 공급하는 권리, 또는

　　다. 정부의 배타적 또는 현저한 이용과 혜택을 위한 것이 아닌, 도

요소에 달려있다. 투자의 특징을 가지고 있지 아니하는 면허, 인가, 허가 그리고 이와 유사한 수단 중에는 국내법에 따라 보호되는 권리를 창설하지 아니하는 것들이 있다. 보다 명확히 하기 위하여, 앞 내용은 면허, 인가, 허가 또는 이와 유사한 수단과 연계된 자산이 투자의 특징을 가지는지 여부와는 무관하다.

12) "투자"라는 용어는 사법적 또는 행정적 행위에 들어있는 명령 또는 판결을 포함하지 아니한다.

13) 보다 명확히 하기 위하여 시장점유, 시장접근, 기대이득 그리고 이익획득의 기회는 그 자체만으로는 투자가 아니다.

14) 이 정의의 목적상, "국가당국"이라 함은 중앙정부에서의 당국을 말한다.

15) "서면계약"은 하나 또는 복수의 문서로 양 당사자가 서면으로 체결한 계약을 지칭한다. 이는 권리 및 의무의 교환을 창설하고 제11.22조 제2항에 따라 적용 가능한 법에 따라 양 당사자에 대하여 구속력을 가진다. 보다 명확히 하기 위하여 가)당사국이 단지 자국의 규제 권한으로 내리는 허가, 면허, 또는 인가와 같은 행정 또는 사법 당국의 일방적 행위, 또는 독자적인 포고령, 명령 또는 판결 그리고 나)행정적 또는 사법적 동의 포고령 또는 명령은 서면계약으로 간주되지 아니한다.

로·교량·운하·댐 또는 배관의 건설과 같은, 기반시설사업을 수
행할 권리

투자인가라 함은 당사국의 외국인 투자당국이 적용대상투자 또는 다른
쪽 당사국의 투자자에게 부여한 인가를 말한다.[16][17]

비당사국의 투자자라 함은, 어느 한쪽 당사국에 대하여 그 당사국의 영
역에 투자하고자 시도하거나, 투자가 진행 중이거나 또는 이미 투자한
투자자로서, 어느 쪽 당사국의 투자자도 아닌 투자자를 말한다.

당사국의 투자자라 함은 다른 쪽 당사국의 영역에 투자하려고 시도하
거나, 투자 중이거나, 이미 투자한 당사국 또는 그 공기업 또는 당사국의
국민 또는 기업을 말한다. 그러나 이중국적자인 자연인은 그의 지배적이
고 유효한 국적국의 국민으로만 본다.

뉴욕협약이라 함은 1958년 6월 10일 뉴욕에서 체결된 〈외국중재판정의
승인 및 집행에 관한 유엔협약〉을 말한다.

비분쟁당사국이라 함은 투자분쟁의 당사자가 아닌 당사국을 말한다.

보호정보라 함은 비밀 영업정보 또는 당사국의 법에 따라 특별취급을
받거나 달리 공개로부터 보호되는 정보를 말한다.

피청구국이라 함은 투자분쟁의 당사자인 당사국을 말한다.

사무총장이라 함은 국제투자분쟁해결센터의 사무총장을 말한다. 그리고

유엔국제무역법위원회 중재규칙이라 함은 유엔국제무역법위원회의 중
재규칙을 말한다.

---

16) 보다 명확히 하기 위하여, 경쟁법과 같이 일반적으로 적용되는 법을 집행하기
위하여 당사국이 취하는 조치는 이 정의 내에 포함되지 아니한다.

17) 양 당사국은 이 협정이 발효하는 날에 어떠한 당사국도 투자인가를 부여하는
외국인 투자당국을 가지고 있지 아니함을 인정한다.

부속서 11-가 국제관습법

양 당사국은, 일반적으로 그리고 제11.5조 및 부속서 11-나에 구체적으로 언급된 대로의 "국제관습법"이 국가가 법적 의무감으로부터 따르는 일반적이고 일관된 국가관행으로부터 결과된 것이라는 양 당사국의 공유된 양해를 확인한다. 제11.5조에 대하여, 외국인의 대우에 대한 국제관습법상 최소기준은 외국인의 경제적 권리와 이익을 보호하는 모든 국제관습법상 원칙을 지칭한다.

부속서 11-나 수용

양 당사국은 다음에 대한 공유된 양해를 확인한다.

1. 당사국의 행위 또는 일련의 행위는, 그것이 투자 내에서의 유형 또는 무형의 재산권을 침해하지 아니하는 한, 수용을 구성할 수 없다.

2. 제11.6조 제1항은 두 가지 상황을 다룬다. 첫번째는 직접수용으로서, 명의의 공식적 이전 또는 명백한 몰수를 통하여 투자가 국유화되거나 달리 직접적으로 수용되는 경우이다.

3. 제11.6조 제1항에 다루어진 두 번째 상황은 간접수용으로서, 당사국의 행위 또는 일련의 행위가 명의의 공식적 이전 또는 명백한 몰수 없이 직접수용에 동등한 효과를 가지는 경우이다.

　　가. 당사국의 행위 또는 일련의 행위가 특정의 사실 상황하에서 간접수용을 구성하는지 여부의 결정은 다음을 포함하여 그 투자에 관한 모든 관련 요소를 고려하는 사안별, 사실에 기초한 조사를 필요로 한다.

　　　　1) 정부행위의 경제적 영향. 그러나 당사국의 행위 또는 일련의 행위가 투자의 경제적 가치에 부정적인 효과를 미친다는 사실 그 자체만으로는 간접수용이 발생하였음을 입증하는 것은 아니다.

2) 정부행위가 투자에 근거한 분명하고 합리적인 기대를 침해하
는 정도[18] 그리고

3) 그 목적 및 맥락을 포함한 정부행위의 성격. 관련 고려사항은
정부행위가 공익을 위하여 투자자 또는 투자가 감수해야 할
것으로 기대되는 것을 넘어선 특별한 희생을 특정 투자자 또
는 투자에게 부과하는지 여부를 포함할 수 있을 것이다.

나. 예컨대, 조치 또는 일련의 조치가 그 목적 또는 효과에 비추어 극
히 심하거나 불균형적인 때와 같은 드문 상황을 제외하고는, 공
중보건, 안전, 환경 및 부동산 가격안정화(예컨대 저소득층 주거
여건을 개선하기 위한 조치를 통한)와 같은 정당한 공공복지 목
적을 보호하기 위하여 고안되고 적용되는 당사국의 비차별적인
규제 행위는 간접수용을 구성하지 아니한다.[19]

부속서 11-다 제2절에 따른 당사국에 대한 문서의 송달

대한민국

제2절에 따른 분쟁에서의 통보 및 그 밖의 문서는 다음 주소로 배달하
여 대한민국에 송달된다.

대한민국 과천시 정부종합청사 법무부 국제법무과

미합중국

제2절에 따른 분쟁에서의 통보 및 그 밖의 문서는 다음 주소로 배달하
여 미합중국에 송달된다.

---

18) 보다 명확히 하기 위하여, 투자자의 투자에 근거한 기대가 합리적인지 여부는
관련 부문에 있어 정부규제의 성격 및 정도에 부분적으로 의존한다. 예컨대, 규제
가 변경되지 아니할 것이라는 투자자의 기대는 규제가 덜한 부문보다는 규제가
심한 부문에서 합리적일 가능성이 더욱 낮다.

19) 보다 명확히 하기 위하여, 이 항의 "정당한 공공복지 목적" 목록은 한정적이
지 아니하다.

미합중국 콜럼비아 특별구 워싱턴시 국무부 법률자문관실 행정과장

부속서 11-라 양자간 상소 메커니즘의 가능성

이 협정의 발효일 후 3년 이내에, 양 당사국은 그들이 상소기구 또는 유사한 메커니즘을 설치한 후 개시되는 중재에서 제11.26조에 따라 내려진 판정을 재심하기 위한 양자간 상소기구 또는 유사한 메커니즘을 설치할지 여부를 검토한다.

부속서 11-마 청구의 중재 제기

대한민국

1. 미합중국의 투자자나 그 투자자가 직접적 또는 간접적으로 소유하거나 지배하는 법인인 대한민국의 기업이 각각 대한민국의 법원 또는 행정재판소에서의 절차에서 제1절상의 의무 위반을 주장한 경우, 그 투자자는 다음의 어떠한 경우도 대한민국이 제1절상의 의무를 위반하였다는 청구를 제2절에 따른 중재에 제기할 수 없다.

    가. 제11.16조 제1항 가호에 따라 자기자신을 위하여, 또는

    나. 제11.16조 제1항 나호에 따라 그 기업을 대신하여

2. 보다 명확히 하기 위하여, 미합중국의 투자자 또는 그 투자자가 직접적 또는 간접적으로 소유하거나 지배하는 법인인 대한민국의 기업이 대한민국이 제1절상의 의무를 위반하였다고 대한민국의 법원 또는 행정재판소에서 주장하는 경우, 그러한 선택은 최종적이며, 그 투자자는 그 이후에 자기자신을 위하여 또는 그 기업을 대신하여 제2절에 따른 중재에서 그 위반을 주장할 수 없다.

부속서 11-바 과세 및 수용

과세조치가 특정의 사실 상황에서 수용을 구성하는지 여부의 결정은

사안별, 사실에 기초한 조사를 필요로 하며, 그러한 조사는 부속서 11-
나에 열거된 요소들과 다음의 고려사항들을 포함하여 그 투자에 관한 모
든 관련 요소를 고려한다.

　　가. 조세 부과는 일반적으로 수용을 구성하지 아니한다. 새로운 과
　　　　세조치의 단순한 도입이나 하나의 투자에 대하여 둘 이상의 관
　　　　할권에서 과세조치의 부과는 일반적으로 그 자체로는 수용을 구
　　　　성하지 아니한다.

　　나. 국제적으로 인정된 조세정책·원칙 및 관행에 합치하는 과세조
　　　　치는 수용을 구성하지 아니하여야 할 것이다. 특히, 과세조치의
　　　　방지 또는 회피를 막기 위한 과세조치는 일반적으로 수용을 구
　　　　성하지 아니한다.

　　다. 특정 국적의 투자자 또는 특정 납세자를 겨냥한 과세조치와는
　　　　반대로 비차별적으로 적용되는 과세조치는 수용을 구성할 가능
　　　　성이 적다. 그리고

　　라. 투자가 이루어진 때에 과세조치가 이미 발효 중이었고 그 조치
　　　　에 대한 정보가 공개적으로 이용 가능하였다면, 그 과세조치는
　　　　일반적으로 수용을 구성하지 아니한다.

부속서 11-사 송금

　1. 양 당사국은 이 장 또는 제12장(국경간 서비스 무역)의 어떠한 규정
도 대한민국이 외국환거래법 제6조에 따라 조치를 적용하는 것을 금지
하는 것으로 해석되지 아니한다는 것에 합의한다. 다만, 그러한 조치는
다음을 요건으로 한다.[20]

　　가. 1년 이하의 기간 동안 유효할 것. 다만, 극히 예외적인 상황이 발
　　　　생하여 대한민국이 그러한 조치를 연장하고자 할 경우, 대한민

---

20) 대한민국은 그러한 조치가 가격에 기초한 조치가 되도록 노력한다.

국은 사전에 어떠한 연장안의 이행에 관하여도 미합중국과 조율한다.

나. 몰수적이지 아니할 것

다. 이중 또는 다중 환율 관행을 구성하지 아니할 것

라. 모든 제한된 자산[21]에 관하여 대한민국에서 시장 수익률을 획득할 수 있는 투자자의 능력을 달리 방해하지 아니할 것

마. 미합중국의 상업적·경제적 또는 재정상의 이익에 대한 불필요한 손해를 피할 것

바. 일시적이며, 그러한 조치의 부과를 요구하는 상황이 개선됨에 따라 점진적으로 폐지될 것

사. 제11.3조(내국민 대우) 및 제11.4조(최혜국 대우)에 합치되는 방식으로 적용될 것, 그리고

아. 재정경제부 또는 한국은행에 의하여 신속하게 공표될 것

2. 제1항은 다음을 제한하는 조치에는 적용되지 아니한다.

가. 경상거래를 위한 지급 또는 송금.[22] 다만, ①그러한 조치의 부과가 국제통화기금협정 조항에 규정된 절차에 합치하고, ②대한민국이 그러한 조치를 미합중국과 사전 조율하는 경우는 제외한다.

나. 외국인직접투자와 연계된 지급 또는 송금

---

21) 보다 명확히 하기 위하여, 이 항의 "제한된 자산"이라는 용어는 대한민국 밖으로 송금되는 것이 제한된 미합중국 투자자에 의하여 대한민국에 투자된 자산만을 지칭한다.

22) 경상거래는 국제통화기금 협정 조항 제30(d)조에 규정된 의미를 가지며, 보다 명확히 하기 위하여, 자본거래에 대한 통제가 적용되는 기간 동안 지급 만기가 도래하며, 지급이 제한되는 분할채무상환에 대한 대부 또는 채권에 따른 이자를 포함한다.

슈와브 대사 귀하

금일 대한민국과 미합중국 간 자유무역협정("협정")의 서명과 관련하여, 본인은 대한민국 및 미합중국 정부가 이 협정의 제11장(투자) 부속서 11-나(수용)의 협상과정에서 간접수용에 관하여 도달한 다음의 양해를 확인하는 영광을 가지는 바입니다.

　　이 협정의 목적상, 부속서 11-나　제1항의 "유형 또는 무형의 재산권"이라는 용어는 약상의 권리와 제11.28조(정의)에서 정의된 대로 투자상의 그 밖의 모든 재산을 포함한다.

본인은 이 서한과 귀 정부가 이러한 양해를 공유한다는 것을 확인하는 귀하의 회답 서한이 이 협정의 불가분의 일부를 구성한다는 것을 제안하는 영광을 가지는 바입니다.

김현종

대법원 산하에 한미FTA 연구를 위한 TFT를 구성해주실 것을 간곡히 건의합니다.

존경하는 양승태 대법원장님께

최근에 한미FTA 비준을 둘러싼 찬반 세력 사이의 대립은 우리사회의 가장 큰 갈등요인으로 부각되었습니다. 그것은 이제 정치논쟁의 범위를 넘어 우리사회의 통합과 발전을 가로막는 커다란 장애물이 되었습니다.

한미FTA는 우리나라가 미국과 맺은 자유무역협정으로서 그 규범적 효력은 국내의 법률과 동일한 효력이 있는 조약이라고 할 것입니다.

외교통상부를 비롯한 찬성론자들은, 위 협정이 발효되면 우리나라와 미국 사이의 통상 장벽이 해체되어 우리나라의 경제영토가 세계 3위로 올라서게 되고 경제시스템이 선진화되며, 그 결과로 대세계 무역수지의 흑자가 향후 15년간 연평균 27.7억 달러 증가되고, 35만 명의 고용이 창출되며, 소비자 후생수준이 321.9억 달러 증가하고, 실질 GDP가 5.66퍼센트 증가하는 경제적 효과를 가져올 것이라고 홍보하고 있습니다(외교통상부, 한미FTA 홈페이지, '무역한류로 가는 첫걸음, 한미FTA' 및 '한미FTA 경제적 효과 재분석'에서 인용).

그러나 반대론자들은, 위 한미FTA는 그 협상 과정에도 문제점이 있고, 그 내용에도 여러가지 독소 조항들을 포함하고 있어 우리나라에게 일방적으로 불리한 불평등 조약이라고 주장하면서, 특히 그중에서도 투자자-국가 분쟁해결절차를 규정하고 있는 ISD 조항은 사법부의 재판 관할권을 배제하고 이를 제3의 중재기관에게 맡기고 있는 점에서, 우리나라의 사법주권을 침해하는 조약이라고 주장합니다.

저희 판사들은 네거티브 방식에 의한 개방, 역진방지조항(Ratchet), 간접수용에 의한 손실보상 등 몇개 조항이 위 한미FTA의 불공정성 여부를 판단하는 데 있어서 법률적인 관점에서 연구해볼 가치가 있는 조항이라고 생각합니다.

나아가 저희 판사들은 위 한미FTA 중 투자자-국가 분쟁해결절차를 규정하고 있는 ISD 조항이 우리나라의 사법주권을 침해하는 조약이라는 주장에 주목하게 되었습니다.

투자자-국가 분쟁해결절차, 이른바 ISD 조항은 정부가 한미FTA를 위반하여 투자자에게 손실이 발생할 경우, 그 투자자가 정부를 상대로 국내 법원이 아닌 세계은행 산하에 있는 ICSID(국제투자분쟁해결센터)라는 중재 기구에 직접 구제를 요청할 수 있다는 조항입니다. 이 경우, 국제중재는 3인으로 구성된 중재 판정부에서 단심제로 심리하는데, 중재인 3인은 투자자와 피소국 정부가 각각 1인을 임명하고, 분쟁당사자들의 합의에 의하여 의장중재인을 선임하되, 중재 제기 후 75일 이내에 중재 판정부가 구성되지 않으면 ICSID 사무총장이 제3 국적의 중재인을 직권으로 의장중재인으로 임명할 수 있도록 되어있습니다.

이것이 우리나라의 사법주권을 침해하는 조항이라는 주장에 대하여, 외교통상부에서는 위 ISD 조항은 외국인 투자를 유인하기 위해 전세계적으로 확산되고 있는 최소한의 투자보호장치로서, 미국에 투자한 우리나라 기업의 보호를 위해서도 필요하며, 우리나라가 그동안 체결한 7개의 FTA 중 한-EU FTA를 제외한 다른 6개의 FTA에도 이미 포함되어 있는 것이라면서 아무런 문제가 없다는 입장을 밝히고 있습니다(외교통상부, 한미FTA 홈페이지, 'ISD, 공정한 글로벌 스탠다드'에서 인용). 그 이외에도 국내 재판 관할권이 법원에 있다고 해서 당사자 쌍방이 동의하여 법원이 아닌 제3의 기관에서 중재를 받겠다고 합의하는 것은 사법주권 침해와는 관련이 없고, 한미FTA 분쟁을 국내 법원에 맡기면 상대방에서 그 결과에 승복하지 않을 것이기 때문에 공정한 국제중재기관에 맡기는 것이 당연하다는 반론도 있습니다.

그러나 위 외교통상부 주장이나 다른 반론 내용을 고려하더라도, 여전히 아래와 같은 사항에 대해서는 우리 법원에서 연구해볼 필요가 있다고 생각합니다.

첫째, 우리나라와 달리 미국에서는 위 한미FTA 자체가 법 규범으로서 효력을 갖는 것이 아니라 미국 의회를 통과한 이행법률만이 법률로서의 효력을 갖는다고 합니다. 그런데 위 이행법률을 보면, 일견 서로 상충되는 듯한 조항이 있어서 과연 정말로 미국에 투자한 우리나라 기업도 위 ISD 조항에 의하여 미국 연방정부나 주정부를 ICSID에 제소할 수 있는 것인지 보다 깊은 연구가 있어야 할 것으로 보입니다.

즉, 위 이행법률 제102조 (b)항을 보면, "주법의 규정이나 적용이 협정에 불합치하다는 점을 이유로 하여, 여하한 자 또는 상황에 대해서도 주법 또는 주법을 적용하는 것이 효력이 없다는 선언을 할 수 없다(No State law, or the application thereof, may be declared invalid as to any person or circumstance on the ground that the provision or application is inconsistent with the Agreement)"고 규정하고 있고, 같은 조 (c)항을 보면, "미국 정부를 제외하고는 어떠한 자도 협정 또는 그에 대한 의회의 승인을 근거로 청구권이나 항변권을 갖지 못하며, 법률 조항에 따른 어떠한 조치, 미합중국 또는 주정부의 부서, 기관, 기타 기구의 어떠한 조치 또는 부작위에 대하여 그것이 협정에 불합치한다는 이유로 소를 제기할 수 없다(No person other than the United States (1) shall have any cause of action or defense under the Agreement or by virtue of congressional approval thereof; or (2) may challenge, in any action brought under any provision of law, any action or inaction by any department, agency, or other instrumentality of the United States, any State, or any political subdivision of a State, on the ground that such action or inaction is inconsistent with the Agreement)"고 규정하고 있습

니다.

다른 한편, 위 이행법률 106조를 보면, "미합중국은 협정 제11.16.1 (a)(i)(C)조 또는 제11.16.1(b)(i)(C)조에 의해 미합중국에 대해 제기되는 청구를 협정 제11장 제B관이 규정하는 ISD 절차에 의하여 의결할 권한을 가진다(The United States is authorized to resolve any claim against the United States covered by article 11.16.1(a)(i)(C) or article 11.16.1(b)(i)(C) of the Agreement, pursuant to the Investor-State Dispute Settlement procedures set forth in section B of chapter 11 of the Agreement)"라고 그 문구가 다소 모호하게 규정되어 있습니다.

위와 같은 이행법률의 내용을 둘러싸고 반대론자들 중에는 우리나라 기업이 미국 연방정부나 주정부를 직접 ICSID에 제소할 수 있을 것인지 의문을 표시하는 견해도 있습니다. 만일 미국 기업은 한미FTA에 의하여 우리나라 정부를 상대로 직접 ICSID에 제소할 수 있음에 반하여, 우리나라 기업은 미국 연방정부나 주정부를 상대로 직접 ICSID에 제소할 수 없다면, 그 자체로 불평등 조약이라고 할 것이므로, 이 부분 규정을 보다 자세히 검토하고 상호주의에 입각하여 그 표현을 명확히 할 필요가 있지 않을까 생각합니다.

둘째, 어떠한 분쟁이 있는 경우 당사자 쌍방이 합의하여 법원에서 재판 받지 아니하고 국제중재 절차에 맡기는 것까지 사법주권을 침해한다고 볼 수는 없을 것입니다. 그러나 위 한미FTA에는 사전 동의 규정이 있어서 미국 투자자가 우리 정부를 상대로 ICSID에 제소하는 경우, 우리 정부가 무조건 이에 동의한 것으로 간주하게 됩니다. 앞으로 한미FTA와 관련하여 어떤 내용의, 무슨 소송이 제기될지 모르는데, 이와 같이 일반적·포괄적으로 중재 동의를 간주한다면, 이것은 우리나라의 사법주권을 침해하는 것으로 볼 소지가 있다고 생각합니다. 특히 한미FTA가 이른바 네거티브 방식에 의한 개방을 채택함으로써 명시적으로 유보된 분야를 제외한 모든 상품과 서비스 시장에 대해 규율하고 있는 협정임을 상기해

보면 더욱 그렇습니다.

셋째, 우리나라가 칠레나 다른 나라들과 FTA를 하면서 이와 같은 ISD 조항을 수용하였다는 것과 미국과 FTA를 하면서 이와 같은 ISD 조항을 수용하는 것을 동일하게 볼 수는 없다고 생각합니다. ICSID는 세계은행 산하에 설치된 중재기구이고, 이 세계은행은 주지하다시피 1946년 미국이 주도하여 설치·운영하고 있는 기관으로 그 총재는 이제껏 수십 년간 미국인이 맡아왔습니다. 그러니 만큼 ICSID에 대한 미국의 영향력은 매우 크다고 할 것입니다. 그런데 중재 절차는 앞서 말씀드렸듯이 중재인 3인 중 2인은 투자자와 피소국 정부가 각각 1인을 임명하지만, 가장 중요한 의장중재인은 분쟁당사자들이 합의하지 못하면 결국 ICSID 사무총장이 직권으로 의장중재인을 임명하도록 되어있습니다. 그렇다면 우리나라가 칠레나 다른 나라와 소송을 할 때에는 ICSID에서 나름대로 공정하게 중재 판정을 할 가능성이 크지만, 우리나라와 미국 사이에서 소송을 하게 되면, 결국 케스팅보트를 쥐고 있는 의장중재인에 의하여 중재 판정이 내려지게 될 것인데, 과연 그 결과가 누구에게 유리할는지 매우 우려되는 부분이라 하겠습니다.

ISD 조항은 우리가 FTA를 체결함에 있어서 반드시 따라야 하는 조항이 아니라 옵션 조항입니다. ISD 조항에 의한 분쟁해결절차가 이와 같이 우리나라보다 미국에 유리하게 되어있다면, 우리나라가 미국과 FTA 협상을 할 때 이를 배제하는 방향으로 협상을 해야 하지 않았을까 하는 의문이 듭니다.

이 점에 대해 외교통상부는 미국이 영향력을 미치고 있는 ICSID에서의 중재라 하여 일방적으로 미국에게 유리할 것이라고 생각하는 것은 편견이라고 주장하면서, 이에 대한 반박자료로 2010년 말 기준으로 미국 관련 ISD는 총 123건으로 미국 기업이 제소한 사건은 108건, 미국 정부가 제소당한 사건이 15건인데, 미국 기업이 외국정부를 상대로 제소한 108건 중 미국 기업이 승소한 사건은 15건으로 승소율이 13.9퍼센트밖에 되지 않고, 미국 정부가 제소당한 사건 15건 중에서 미국 정부가 승소한 사건은 6건으로 승소율이 40퍼센트밖에 되지 않는다고 설명하고 있습니다(위 'ISD, 공정한 글로벌 스탠다드'에서 인용).

그러나 위 자료를 좀더 자세히 살펴보면, 미국 정부가 제소당한 15건 중 미국 정부가 승소한 사건 6건을 제외한 나머지 9건은 계류 중인 사건이어서, 이를 제외하면 실질적으로 미국 정부가 제소당한 사건에서는 미국 정부의 승소율이 100퍼센트에 이르고 있음을 알 수 있습니다.

또한 위 자료에 의하더라도 위 ISD를 이용하는 전체 제소자의 87.9퍼센트가 미국 기업이라는 사실은 위 ISD 조항이 명목상으로는 어떻든지 간에 현실적으로는 미국 기업의 이익을 보호하기 위한 조항으로 기능하고 있는 것이 아닌가 하는 의문을 품게 합니다. 미국 기업의 승소율이 13.9퍼센트밖에 안된다는 것도, 바꿔 말하면 그만큼 미국 기업들이 위 ISD 조항을 이용하여 소송을 남발하였다는 것이 될 수 있고, 일단 미국 기업에 의해 ICSID에 제소당하면 우리 정부는 비싼 미국의 로펌 변호사에게 막대한 소송비용을 치르면서 원치 않는 분쟁절차에 휘말리게 될 것입니다.

몇번 이러한 절차를 겪게 되면 우리 정부는 새로운 경제정책을 취하려고 할 때마다 미국 기업으로부터 소송을 제기당할까 봐 눈치 보는 신세가 될 것입니다. 다소 거칠게 비유하자면, 미국으로서는 위 ISD 조항은 서부시대에 총잡이들이 차고 다니는 총과 같은 것입니다. 차고 다니기만 하면, 굳이 뽑지 않아도 일반인들은 총잡이 눈치를 보면서 피해 가게 되는 것입니다.

넷째, 우리나라 사법부가 통상무역이나 한미FTA에 대해서 잘 모르기 때문에 제대로 된 판결을 하지 못할 염려가 있어서 위 조항이 필요하다는 주장도 있습니다. 위 ISD 조항을 받아들인 우리나라 외교통상부 관료들 중에는 이와 같은 생각을 가지고 있는 사람들이 있는 것처럼 보입니다. 한미FTA가 발효되면 한미FTA 이행사항을 감독하기 위하여 양국의 협상 대표로 이루어진 공동위원회가 설치되는데, 2011년 12월 4일자 한 겨레신문의 보도에 의하면, 외교통상부는 최근 박주선 민주당 의원으로 부터 "한미FTA의 공동위원회가 내린 협정문 해석이 국내 법원을 구속하 는지" 질의받고, "조약 체결 경위 등에 대한 전문성이 충분하지 않은 법 원은 공동위원회의 결정 또는 해석에 이르게 된 근거나 판단을 상당부분 존중할 것으로 예상된다"고 답변했다고 합니다. 이는 마치 법률의 최종 해석권한을 가지고 있는 우리 법원보다 위 공동위원회의 협정문 해석이 실질적으로 우위에 있다는 의미로도 해석될 여지가 있는 표현입니다.

그렇습니다. 중요한 문제는 위 한미FTA가 영문본과 한글본 합하여 전 체 1,500페이지에 이르는 워낙 방대한 분량으로 이루어져 있어서 재판 업무에 시달리는 법관 개개인이 이에 대해 제대로 연구하기가 어려운 실 정이라는 것입니다. 그로 인하여 위 한미FTA가 국내 법률과 동등한 규 범적 효력을 가지고 우리나라 상품과 서비스 시장 전반에 걸쳐서 영향을 미치게 될 것임에도 불구하고, 사법부 내에서 그 내용에 대해 충분한 법 률적 검토가 이루어지지 않고 있다는 점입니다. 만일 한미FTA가 비준·통과되기 이전에 우리 사법부가 그에 대해 충분히 검토하고, 지금 사회 적으로 독소조항인지 여부가 쟁점이 되는 부분에 대하여 법률적 차원에 서 검토의견을 내었다면, 이와 같은 사회적 갈등상황까지는 이르지 않았 을지도 모릅니다. 그 점에는 만시지탄이 있을 수 있지만, 이제라도 저희 판사들은 대법원장님께서 대법원 산하에 한미FTA 연구를 위한 공식적 인 TFT를 구성하고, 한미FTA와 관련된 여러가지 법률적 문제점들을 검 토하여 그에 대한 의견을 국민들에게 제시할 필요가 있다고 생각합니다.

지금 한미FTA에 대하여 찬반 대립을 하고 있는 대부분의 국민들도 사 실 그 내용에 대하여 정확히 알고 있는 사람들은 그다지 많지 않다고 생 각되기 때문에, 법률의 최종해석권한을 갖고 있는 사법부가 이와 같이 TFT를 구성하여 공식적인 검토의견을 낸다면, 그 결과가 어느 쪽으로 나오든지 간에 국민들의 의구심과 사회적 갈등을 상당부분 해소하는 데

기여할 수 있을 것입니다.

이에 대하여는 법원은 구체적 사건에 관하여만 규범통제를 할 권한이 있는데, 이와 같이 아직 발효되지도 않은 한미FTA에 대하여 연구하고 그 검토의견을 낸다는 것은 삼권분립의 원칙에 어긋난다는 반론이 제기될 수 있습니다.

먼저 한미FTA는 국내 법률과 동등한 효력이 있는 조약으로서, 그 내용이 방대하고 통상교역이라는 전문적인 영역을 규율하고 있으므로, 비록 구체적인 사안이 계류되지 않더라도 법관들이 미리 그 내용을 연구하고 법률적인 문제점을 검토해보는 것은 삼권분립과는 아무런 관련이 없음은 명백합니다.

나아가 어떤 법률을 제정할 때, 그 법률을 적용할 기관인 사법부가 미리 법률에 관한 검토를 통하여 의견을 낼 필요가 있는 부분은 의견을 내는 것이 삼권분립에 어긋난다고 할 수는 없다고 생각합니다. 이제껏 국회에서 심의 중인 각종 법률안에 대하여 대법원이 법률적 의견을 제시하는 경우가 많이 있었으며, 그에 대해 어느 누구도 삼권분립에 어긋난다는 비판을 하지 않은 것으로 알고 있습니다. 한미FTA도 법률과 동등한 효력을 지닌 조약인데, 특별히 예외가 될 이유는 없다고 생각합니다.

참고로 말씀드리면, 미국에서도 미국의 장례식장 사업에 투자한 캐나다 회사가 미국 주 법원 판결이 북미자유무역협정의 수용 및 보상 의무를 위반했다고 주장하면서 ISD에 의해 제소하는 사례가 발생하자, 이에 위기감을 느낀 미국의 주 대법원장들이 2004년에 미국 주 대법원장회의(Conference of Chief Justice, 약칭 CCJ)를 통하여 결의안을 채택해 "미국 무역대표부와 의회는 주 사법부의 사법주권과 법원 판결의 집행가능성 및 최종성을 인정하고 지원하는 통상협정 조항만을 승인할 것과, 현존하는 통상협정들 아래에서도 외국 투자자들이 미국 국민들과 기업보다 더 큰 실체적·절차적 권리를 누리지 못한다는 것을 분명히 할 것을 촉구한다(State court leaders urge the US Trade Representative(USTR) and Congress to only approve trade agreements provisions that recognize and support the sovereignty of state judicial systems and the enforcement and finality of state court judgements and to clarify that under existing trade agreements, foreign investors shall enjoy no greater substantive and procedural rights than US citizens anf businesses.)"고 공식적으로 의견을 표명하였으며, 이후 미국 정부와 의회는 이를 받아들여 ISD 제도를 수정·보완한 새로운 투자협정 모델을 만들었다고 합니다.

삼권분립의 원칙이 가장 엄격하게 지켜지고 있는 미국에서도 이와 같이 법원이 자유무역협정에 관하여 사법주권과 법원 판결의 최종성을 강조한 공식적인 입장 표명이 있었고, 행정부와 입법부에서 이를 존중하여 ISD 제도를 수정·보완하였다는 사실은 우리에게도 시사하는 바가 크다고 생각합니다.

존경하는 대법원장님, 그러므로 저희 판사들은 대법원 산하에 한미FTA 연구를 위한 TFT를 설치하여 한미FTA가 우리나라 사법주권을 중대하고 심각한 수준까지 제한하고 있는지 여부를 연구·검토하는 조치를 취하여주실 것을 건의드립니다. 그리고 위와 같은 연구 결과에 의하여 한미FTA에 대한 사법부의 입장이 무엇인지에 대하여 적절한 과정을 거쳐 그 입장을 확립하고, 필요한 경우에는 대외적인 입장표명 여부를 검토하여주실 것을 건의드립니다.

저희 판사들의 간절한 뜻을 깊이 헤아리시어 건의를 받아주시기를 바랍니다.

2011년 12월 7일
대표 작성자 부장판사 김하늘 외 166명

대한민국과 미합중국 간의 자유무역협정 재협상 촉구 결의안

주문

대한민국 국회는 "대한민국과 미합중국 간의 자유무역협정 및 대한민국과 미합중국 간의 자유무역협정에 관한 서한교환 비준동의안(이하 '한·미 FTA'라 한다)"의 심사과정에서 협정문 제11장 제2절에 규정된 투자자-국가 간 분쟁해결절차(이하 'ISD'라 한다) 등에 대하여 한·미 양국 간의 이익의 균형이 훼손될 수 있다는 우려가 제기된 사실에 주목하고,

이러한 우려를 불식하기 위하여 우리 정부와 미합중국 정부가 이를 논의하기 위한 협상에 나설 것을 촉구하면서 다음과 같이 결의한다.

1. 대한민국 국회는 한·미 FTA의 ISD가 행정부의 공공정책결정권, 사법권 등 주권국가의 정당한 권한을 침해할 수 있다는 일각의 우려에 주목하고, 우리 정부가 미합중국 정부와 ISD의 폐기나 유보 또는 수정 등을 포함하는 한·미 FTA 재협상에 나설 것을 촉구한다.

2. 대한민국 국회는 우리 정부가 한·미 FTA와 충돌될 수 있는 미합중국의 연방법 및 주법에 대하여 파악하고, 이에 대한 미합중국 측의 조속한 수정이 이루어질 수 있도록 외교적으로 노력할 것을 촉구한다.

3. 대한민국 국회는 미합중국 정부가 한·미 양국 국민의 진정한 이해와 신뢰를 기반으로 할 때 건강한 한미 동맹관계가 유지·발전될 수 있음을 인식하고, 우리 정부가 제기할 수 있는 재협상에 임하여 우리 정부의 정당한 요구를 적극적으로 수용할 것을 촉구한다.

제안 이유

한·미 FTA는 지난 11월 22일 국회에서 비준동의 되어 발효 및 이행을 앞두고 있으나, 그 심사과정에서 협정문 제11장 제2절에 규정된 ISD에 대하여 우리 정부의 공공정책결정권 및 사법권이 제약될 수 있다는 우려가 제기된 바 있음.

이러한 우려를 불식하고 한·미 양국이 진정한 이해와 신뢰를 기반으로 한·미 FTA를 통한 상호 발전을 이룩하기 위해서는 ISD에 대한 보다 심도 있는 논의가 필요하다고 할 것인바, 이에 대한민국 정부와 미국 정부가 이를 위한 재협상에 적극적으로 나설 것을 촉구하기 위함.

아울러 미합중국의 연방법 또는 주법 등 미합중국의 국내법이 한·미 FTA 규정과 충돌 시 미합중국의 국내법이 우선 적용될 우려가 제기되고 있으므로, 우리 정부가 한·미 FTA와 충돌되는 미합중국의 연방법 및 주법에 대하여 파악하고, 이에 대한 미합중국 측의 조속한 수정이 이루어질 수 있도록 외교적 노력을 기울일 것을 촉구하려는 것임.

(2011년 11월 30일 국회 본회의 통과)

국제중재 판례 색인

저자

송기호

서울대학교 무역학과를 졸업하고, 호주 퀸즈랜드대학교 대학원에서 식품법과 환경법을 공부했다. 현재 수륜법률사무소 대표변호사, 민주사회를위한변호사모임 외교통상위원장, 서울 한살림 감사, 농정연구센터 이사, 조선대학교 법과대학 겸임교수이다.

농업과 국제통상에서 주목할 만한 활동을 했고, 판례를 많이 만들었다. 이명박 정부의 미국산 쇠고기 광우병 검역에서 미국의 동물성 사료 조치를 한국 정부가 국민에게 거짓 홍보한 것을 처음으로 지적하여 바로잡았고, 한국이 유럽연합과 체결한 자유무역협정의 한글본에 심각한 번역 오류가 있는 것을 바로잡았다. 긴급수입제한조치 발동을 위한 국내산업 피해조사 신청을 무역위원회가 거부한 처분이 사법심사의 대상이 된다는 판례(2002년), 통상협상에 관한 정보는 III급 비밀에 해당하지 않는다는 판례(2006년), 쇠고기 원산지를 허위 표시한 음식점 명단을 공개하라는 판례(2009년), 국토해양부가 제한한 입증 자료에 구애받지 않고 농지를 수용당한 농민이 합리적이고 객관적인 방법으로 스스로 영농소득을 입증하여 수용 보상을 받을 수 있다는 판례(2012년) 등을 최초로 끌어냈다. 그리고 2012년에는 론스타가 이명박 대통령에게 보낸 국제중재회부(ISD) 의향서의 공개 소송을 진행하여 그 공개를 이끌었다.

저서로 《WTO 시대의 농업통상법》(2004), 《한미FTA의 마지노선》(2006), 《곱창을 위한 변론》(2008), 《맛있는 식품법 혁명》(2011)이 있다.

경제민주화를 위한
한미FTA 재협상 핸드북

2007년 6월 25일 초판 제1쇄 발행
2011년 11월 7일 개정 온라인판 발행
2012년 12월 14일 개정판 발행

저자   송기호
발행처   녹색평론사

주소   서울시 종로구 필운동 146-1번지 201호
전화   02-738-0663, 0666
팩스   02-737-6168
웹사이트   www.greenreview.co.kr
이메일   editor@greenreview.co.kr
출판등록   1991년 9월 17일 제6-36호

ISBN 978-89-90274-73-1 03300

값 10,000원